PETER DYCKHOFF

IM FEUER DEINER LIEBE
Gebete

PETER DYCKHOFF

IM FEUER
DEINER LIEBE

Gebete auf dem
Weg des Glaubens

HERDER

FREIBURG · BASEL · WIEN

INHALT

ZUR EINFÜHRUNG

ES KAM SEHR HÄUFIG VOR, dass ich als junger Mensch nicht wusste, wie es in meinem Leben weitergehen würde. Ich habe dann gebetet, aber die Gebete endeten alle mit einem Fragezeichen. Jahrzehnte später – mein Leben hat sich mehrmals grundlegend geändert – standen nicht mehr so viele Fragezeichen am Ende meiner Gebete. Viele Fragen hat mir das Leben beantwortet, mehr noch der Schöpfer durch seine Geschöpfe und die Zeichen, die er mir auf meinen Lebensweg stellte. Um seine leise Sprache in und außerhalb von mir zu verstehen, um überhaupt eine Ahnung zu bekommen, dass es Gott wirklich gibt und er auch heute Wunder der Wandlung vollbringt, war und ist für mich die Feier der Eucharistie und der Empfang der Sakramente eine notwendige Voraussetzung.

∽ Das Gebetbuch *Im Feuer deiner Liebe* vollzieht den Weg nach, den ich gegangen bin. Es ist eine Einladung, sich auf den Weg des Glaubens zu machen, der mit unserem menschlichen Fragen beginnt und in das Feuer der göttlichen Liebe führt.

Ein persönliches Wort zuvor

GANZ IN DER NÄHE meines Elternhauses in Rheine (Westfalen) liegt das Mathias-Spital. Noch Jahre nach dem zweiten Weltkrieg sah man die großen auf die Dächer gemalten «Roten Kreuze». Von meinem Zimmerfenster aus konnte ich sie sehen, doch sie verblassten von Jahr zu Jahr immer mehr. Da mein Großvater Mitbegründer dieses Krankenhauses war und zeitlebens Mitglied des Kuratoriums, hatte unsere Familie eine besondere Beziehung zum Mathias-Spital und zu den Clemensschwestern, die dort tätig waren.

◇ Ich muss vier und fünf Jahre alt gewesen sein, als Mutter mich im Krieg täglich mitnahm ins Krankenhaus, wo sie verwundete Soldaten betreute. Bewegt hatte sie zu Hause von den einzelnen Schicksalen der Soldaten gesprochen, dem Wunsch, noch einmal ihre Familien wiederzusehen, der Angst vor dem Krieg und dem Tod. Oft verstand ich es nicht, wenn ich vor einem Zimmer auf dem Flur warten musste, während Mutter das Krankenzimmer betrat. Doch sie wusste warum! Wenn nicht gerade eine freundliche Ordensschwester zu mir kam und mit mir sprach, schaute ich mir die blühenden Blumen auf den Fensterbänken an. Aus der Mitte grüner Blätter – sie sahen aus wie Säbel, die sich übereinander nach außen schoben – wuchs ein Stiel, der glockenartige rote Blüten entfaltete. Manchmal lag eine abgefallene Blüte auf der Fensterbank neben dem massiven Blumentopf. Sie waren wesentlich größer als die, die Mutter zu Hause hatte.

◇ Ungefähr zehn Jahre später, der Krieg war zu Ende und ich besuchte das Gymnasium Dionysianum, ließ die Deutschlehrerin einen Klassenaufsatz schreiben mit dem Thema «Frühe Eindrücke, die mein Leben mitbestimmt haben». Ich dachte bei der Erstellung der Stoffsammlung zurück an unschöne Jahre während des Krieges und an die Begegnung mit verwundeten Soldaten im Mathias-Spital. Und dann fielen mir die Clivien ein mit ihren rotorangefarbenen Blüten, vor denen ich oft gewartet hatte, wenn Mutter allein in ein Krankenzimmer gehen wollte. Ich hatte mein

Thema gefunden und verknüpfte – wie konnte es anders sein – meine früheren Erlebnisse aus dem Krieg mit meinen Gedanken.

～ In meinem Aufsatz ließ ich einen jungen Soldaten sterben – obwohl Mutter früher immer darauf geachtet hatte, dass ich in diesen Momenten nicht anwesend war. Als Symbol des Todes nahm ich eine verwelkte Blüte der Clivia, die in der Nacht auf den Boden des Flures vom Krankenhaus gefallen war. Die Schicksalsgeschichte des todkranken jungen Soldaten setzte ich aus vielen kleinen Segmenten zusammen, die ich während der Kriegsjahre von Mutter gehört hatte. Als ich zur festgesetzten Zeit den Klassenaufsatz abgeben musste, hatte ich ein so gutes Gefühl und Freude wie selten in der Schule.

～ Wie bitter und schmerzlich enttäuscht war ich jedoch, als wir die Aufsätze mit entsprechenden Kommentaren der Lehrerin zurückbekamen. Das Gefühl, mich zutiefst mit meiner Geschichte eingebracht und identifiziert zu haben – durchaus nicht, um eine gute Note zu erreichen – wurde von ihr gänzlich zerstört, als sie meinen Aufsatz in der Weise kommentierte, dass er zu gefühlvoll und anrührend sei. Sie lachte dabei ein wenig – und das tat am meisten weh.

～ Seit dieser für mich großen Enttäuschung habe ich mich gefühlsmäßig sehr zurückgehalten – und das nicht nur in der Schule. Heimlich schrieb ich zwar noch einige Gedichte, dann aber gab ich jegliches Schreiben auf. Ja, auf dem Gymnasium wählte ich deshalb den mathematisch-naturwissenschaftlichen Zweig. Ein Gedicht aus der Zeit nannte ich sogar:

Es gibt in meinem Leben Augenblicke,
wo alles mir so sinnlos
und verloren scheint.
Ich fühl' mich einsam,
früher war dies schlimm,
ich habe dann geweint.

Doch heute, da ich nicht mehr Knabe bin,
gibt Weinen mir nicht mehr die Kraft
und diese Augenblicke werden jetzt
zur langen, sinnlos bangen Nacht.

Im Feuer deiner Liebe besteht aus persönlichen Gebeten, die einen Glaubensweg darstellen, der mit einer im Herzen gefühlten großen Unruhe beginnt. Über die Verwurzelung in Christus und das Aneignen seiner Nachfolge führt der Weg in die Anbetung und ins Schweigen.

Zu diesem Buch

IM ERSTEN TEIL DES BUCHES lässt der Betende seine unerfüllte Sehnsucht zu und trägt sie zusammen mit seinen anderen Unvollkommenheiten, Fehlern und Vergehen vor Gott, den er in immer neuen Lebenssituationen um Hilfe anfleht. Der so Klagende und zu Gott Rufende bekommt allmählich eine Ahnung davon, dass Gott ihn zwar hört, ihn aber nicht immer sofort erhört.

Wer betet, bleibt trotz des schmerzhaften Aufbruchs, trotz vieler unbeantworteter Fragen, Unsicherheiten und Zweifel im Gespräch mit Jesus Christus, den er als «Herr» anredet. Maria, die Mutter des Herrn, ist dem Betenden Vorbild im Glauben, indem sie sich in einem fortwährenden Dialog mit Gott befindet. Selbst als der Engel Gabriel ihr scheinbar Unmögliches berichtet und ankündigt, bricht Maria das Gespräch mit dem Engel und damit mit Gott nicht ab. Der Betende hält sich treu und voll Hoffnung an diesen gelungensten Dialog Gottes mit einem Menschen und unterbricht ihn auch dann nicht, wenn er zweifelt und keinen Schritt weiterzugehen wagt.

✍ Da er die Sehnsucht nach Gott in sich zulässt und die Suche nach ihm nicht aufgibt, habe ich diesen ersten Schritt *Sehnsucht und Suche* genannt. Die Sehnsucht des reichen Jünglings im Evangelium war so stark, dass er sich aufmachte, Jesus zu suchen. Als er jedoch Jesus auf seinem Weg begegnete und mit ihm ein Gespräch führte, waren die Anforderungen Jesu für ihn derart hoch, dass er sie nicht erfüllen konnte. Der reiche Jüngling – weil er es bisher nicht gelernt hatte, loszulassen – brach von sich aus den Dialog mit Jesus ab und ging traurig fort.

Der Betende jedoch, der seinen eigenen Weg finden möchte, hält unter jeglichen Umständen durch und führt das Gespräch betend mit dem Herrn weiter. Aus seinen Gebetsworten wird offenbar, dass der Herr ihm auf geheimnisvolle Weise antwortet und er diese leise Sprache Gottes immer besser versteht.

〜 Der zweite Teil dieser Gebete heißt daher *Weg und Begegnung*. Der Gott Suchende hat Einblick in den rechten Weg nehmen dürfen und erkannt, dass ihn einzig und allein die Demut und die Hingabe zur Begegnung mit dem Herrn führen – der Erfüllung seiner Sehnsucht. Die Wahl der Worte ist wesentlich feinfühliger und der Inhalt der Gebete drückt vornehmlich Dank und Gottesliebe aus.

Der wie Maria im Gespräch mit Gott Bleibende macht tief greifende Glaubenserfahrungen. Die wesentlichste für ihn ist, dass sein Leben Sinn erhält, ein bleibendes Fundament, und dass er in Christus verwurzelt ist. Bei allem menschlichen Auf und Ab geht ihm eines nicht verloren: der Glaube, die Hoffnung und die Liebe zu Christus. Der Betende drückt seine Gotteserfahrung aus, indem er sagt: «Du hast meine Seele berührt und alles erhält Sinn.»

〜 Der dritte Teil des Zu-Gott-Sprechens ist daher überschrieben mit *Mein Leben erhält Sinn*.

Die Sehnsucht jedoch, sich noch tiefer und dauerhaft in Gott zu verankern, bleibt. Der Betende spürt, dass es nicht mehr *sein* Weg ist, auf dem ihn Jesus Christus begleitet, sondern sein Weg ist bereits in die Nachfolge Christi übergegangen und somit zum Weg Christi geworden. Die Sprache stößt hier an ihre Grenzen, wenn der noch menschlich fassbare Weg übergeht in einen mystischen Weg. Der Mensch hat nunmehr den einen Wunsch, eins zu werden mit Jesus Christus.

〜 Der vierte Teil *Eins werden mit dir* versucht dieses ansatzweise in Worte zu fassen, wobei das Geheimnis des Glaubens, der Tod und die Auferstehung Jesu Christi, und das allerheiligste Sakrament im Mittelpunkt eines jeden Gebets stehen. Über und durch das Sakrament der Liebe Gottes, die heilige Kommunion, schwinden die vielen Gebetsworte und leiten die schweigende Anbetung ein. Die Seele steht staunend vor der höchsten und ewigen Liebe, fest verwurzelt in Christus, entzündet vom Feuer des Heiligen Geistes, der wiederum Liebe ist.

~ In der mystischen Tradition des Christentums sind die Schritte, die im zweiten bis vierten Teil des Buchs gegangen werden, auch als «Reinigung» *(purificatio)*, «Erleuchtung» *(illuminatio)* und «Vereinigung» *(unio)* bezeichnet worden. In diese dreifache Bewegung auf dem Weg des Glaubens und der Nachfolge Christi möchte Sie dieses Gebetbuch einladen. Möge Ihr eigener Gebetsweg gesegnet sein!

Peter Dyckhoff

I. TEIL

SEHNSUCHT
UND
SUCHE

Liebes-Feuer:
Du Funken
der mich
entfacht

AUFBRUCH

Mein Herr und mein Gott,
alle, denen du mein junges Leben anvertraut hast,
haben sich bemüht, meine Religiosität zu bilden und zu formen.
Und jetzt, wo ich auf eigenen Füßen stehe und erwachsen bin,
muss ich erkennen, wie weit entfernt meine Seele von dir ist.

Hier ist das Leben mit all dem, was es von mir fordert.
Und dort, irgendwo bist du, ohne dass ich dich erreichen kann.
Ich spüre eine versteckte Sehnsucht in mir,
die keinen Menschen meint, so lieb mir auch viele sind.
Unruhe lässt mich nach etwas suchen, von dem ich nichts weiß.

Bist du es, mein Herr und mein Gott,
der diese Unruhe in mein Herz gesenkt hat?
Ich leiste doch täglich meine Arbeit und tue mein Werk.
Und trotzdem erhebt sich eine Unzufriedenheit, ein Unvermögen,
ein Mangel an Liebe vielleicht, wie ein Sog, der mich fortreißt.

Herr, ich möchte meiner Mittelmäßigkeit entfliehen,
doch weiß ich nicht wie, ohne anderen weh zu tun.
Ein Panzer schnürt sich um meine Brust, raubt mir den Atem
und verschlossen in sich selbst droht meine Seele zu ersticken.

Wer bist du, dass du mich diese Wege führst?
Oder bin ich es selbst, der sich ohne dich auf den Weg macht?
Wo bist du Herr? Und wer bin ich selbst?
Lass mich dich spüren – wenigstens an meiner Seite,
wenn schon nicht im Innersten meines Selbst.
Kannst du in mir wohnen, ohne dass ich es weiß?

Ich möchte aus der Enge meiner Vorstellungen ausbrechen
und Wesentliches tun, um darin dein Wesen zu spüren.
Nichts als Langeweile hat mich erfüllt und die Seele verschattet.
Kannst du nicht kommen und dein Bild in ihr wieder belichten?

Was ist meine Bestimmung und mein eigenes Ziel?
Ich habe aus Bequemlichkeit weder Mühen auf mich
    genommen,
keinen Aufwand getroffen, noch in Gefahren mich jemals
    bewährt.
Das Land meiner Innerlichkeit ist voll Unrat, trocken und leer.
Du, Herr, hast Menschen bestellt und in deinen Dienst
    genommen.
Wo nur sind sie zu finden, die statt Leistung Liebe erwarten?

SUCHE WONACH?

Die Tage und Nächte und die Nächte und Tage vergehen,
ohne dass sich etwas Wesentliches in meinem Leben ändert.
Die Nachfolge Christi, meine Absicht, ist für mich unfassbar.
Warum nur machst du es mir so schwer, dir zu folgen?
Tue ich einen Schritt, sagt mir niemand, ob es der richtige ist.
An mir zweifelnd kehre ich um, das neue Wagnis ist wieder vertan.

Herr, hilf mir, die Sprache meiner Seele zu verstehen.
Sie ist mir so fern, und doch spüre ich, dass sie zu mir gehört.
Wenn ich nur hören könnte, was du durch sie sprichst!
Meine Freude wäre unsagbar groß und ich würde alles tun,
deinem Willen zu entsprechen und dir bedenkenlos zu folgen.

Ich weiß: Das Endziel meines Weges ist das Reich Gottes.
Doch was ist mein nächstes Ziel zwischen Heute und Morgen?
Weglos bin ich beim Wandern ohne ein Fortkommen,
die Mühen ermüden und der vielen Worte bin ich überdrüssig.

Der Geographie meines Lebens fehlt jegliche Geradlinigkeit.
Bin ich zu eigenwillig und stolz, ausgetretene Pfade zu gehen,
über Brücken zu schreiten, die ich selbst nicht gebaut habe?

Herr, du bist der Weg, der über Abgründe zum Ziel führt.
Ziehe mich empor aus meinen Verstrickungen und befreie mich.

Ergreife meine Hände und führe mich deinen Weg.

Herr, ich muss nochmals vor dir klagen, um mich zu befreien.

Du sagst, die ein reines Herz haben, werden Gott schauen.

Meine Sehnsucht ist es, das spüre ich in mir, dir näher zu
kommen,

doch ein reines Herz, wenn es dies wirklich gibt, das habe ich
nicht.

Meine Gefühle, Gedanken, Worte und Handlungen sind oft
schlecht,

und ich merke es erst, wenn sie auf Kosten anderer ausgedrückt
sind.

Wie und wo soll ich beginnen? Mit Gewalt lieben kann ich dich
nicht.

Steht mir ein Ziel vor Augen, schnell verliert es sich wieder,

denn es lebt nicht in meinem Herzen, das in alle Richtungen
drängt.

Durch Mangel an Liebe wird mein Arbeiten leer, sinnlos mein
Tun.

Erfüllung, Freude und Erfolg sind hohle Worte ohne
Wirklichkeit.

Das Halten der Gebote hat mich dir kein Stück näher gebracht.

Mein Geist zieht ständig weiter, ist fragend in Bewegung ohne Halt

und hat nichts und gar nichts, worauf er freudig zurückkommen
darf.

Jede Stunde und jeder Augenblick sind gefüllt von
Veränderlichkeit,

und alles, was in mich eindringt, hinterlässt belastende Spuren.
So lebe ich von einem wechselnden Zustand zum anderen
    dahin,
und nehme dabei eine immer tragischer werdende Last auf mich.

Du kennst mich, Herr, und du weißt, wie es um meine Seele
    steht.
Sie ist gefesselt und unfähig, sich vom Boden zu dir zu erheben.
Von mir selbst am meisten wird sie getreten und misshandelt.
Wer kann die um mein Ego kreisenden Kräfte durchstoßen?
Wer hat Zugang zu meiner Seele, um sie von Unruhe zu heilen?
Herr, greife ein in mein Leben und mache dein Du zu seiner
    Mitte.

Herr, die Worte, die ich vor dir ausspreche, tun mir weh,
doch jenseits des Schmerzes entlasten sie mich.
Wie Steine habe ich mein Klagen auf dich geworfen
und getan, als ob du ihr Urheber seiest.
Um mich zu befreien, habe ich dich verletzt.

Welch unendlichen Schmerz musst du aushalten,
bei all der Klage, die aus der Welt zu dir dringt!
Und doch rufst du alle Menschen zu dir, die sich plagen
und in ihrem Leben schwere Lasten zu tragen haben,
um ihnen deine Liebe und die Ruhe der Seele zu schenken.

Werden wir im Leid und im Klagen hellhörig für deinen Anruf?
Ist es mangelnde Liebe oder ein Umweg, erst zu erfahren,
dass in der Tiefe des Schmerzes Unendlichkeit wohnt?
Durch mein Klagen hast du mich befreit von meiner Last.
Ich kann es nicht glauben, dass dein Wort Wirklichkeit wird.

GEÖFFNETE HÄNDE

Wie oft nur balle ich meine Hände zu Fäusten,
weil ich mit diesem oder jenem nicht einverstanden bin.
Selbst Dinge, die mich wenig betreffen, regen mich auf.
Ich mische mich ein, ungefragt und voll des Besserwissens.
Mit Worten schlage ich zu – verletzend und spaltend zugleich.
Wie meine Hände verkrampft auch mein Inneres und wird eng.

Wenn ich in Ruhe bei mir selbst ankomme, tut es mir leid.
Gesagtes ungeschehen zu machen, ist niemals mehr möglich.
Herr, bei meinem voreiligen und unüberlegten Tun
habe ich dich ganz aus den Augen und dem Herzen verloren.
Welch ungeheuere dunkle Kraft drängt sich mir auf,
dass mein Herz erkaltet und ich die Liebe vergesse!

Du, Herr, hast niemals deine Hände zu Fäusten geballt.
Für alle, die zu dir kommen, sind sie voll Liebe geöffnet.
Wer es auch sei: Allen händigst du dich vertrauensvoll aus.
Selbst deinen Mördern trittst du voll Güte gewaltlos entgegen,
vergibst ihre Schuld und vom Kreuz her schenkst du Erlösung.
Ist dies denn Wirklichkeit? Ich kann sie einfach nicht fassen.

WIE LIEGT MIR NOCH FERN

Wie liegt mir noch fern, nicht eifersüchtig zu sein,
mich nicht zu freuen über Ungerechtigkeit, die andere erfahren,
nicht zu suchen, was andere besitzen und mir nicht gehört.

Wie liegt mir noch fern, nichts Böses zu denken,
die Geduld einzuüben und abzuwarten die rechte Zeit,
mich dem Anruf zu stellen und zu handeln, ohne zu fliehen.

Wie liegt mir noch fern, meinen Nächsten anzuerkennen,
ihm gut zu sein und ihn gar noch zu lieben
und dabei mich und mein Verlangen nicht wichtig zu nehmen.

Wie liegt mir noch fern, das Alleinsein zu suchen
und im Zurücknehmen meines Wollens einfach zu schweigen,
die Stille zu üben, um das Wesen des Schöpfers wirken zu lassen.

Wie liegt mir noch fern, zu Gott als einem Vertrauten zu sprechen,
ihm zu danken, ihm die Ehre zu geben und zu ihm zu beten,
meine Schuld zu erkennen und um Vergebung zu bitten.

Es heißt, ich soll üben: das Beten und Fasten,
das Stillsein und Schweigen, das Lesen der Psalmen,
das Beten des Rosenkranzes und das Meiden der Sünde,
das Ablegen der Leidenschaften und schlechter Gedanken.

Mein Herr und mein Gott, stellst du die Leistung so hoch,
dass sie den Beginn unserer Freundschaft bereits überschattet?
Und es heißt: «Du sollst und du musst und du darfst nicht
    vergessen,
zu bedenken und zu beachten, zu tun und zu folgen.»

Wo, Herr, und wie öffnet sich eine Tür zu dir ins Weite,
in der ich staunend stehe, deine Schöpfung betrachtend,
ohne gleich voranschreiten und etwas leisten zu müssen?
Sag doch Ja zu mir und dem Weg, den ich voll Sehnsucht suche.

Die Ge- und Verbote, die Sätze, die Dogmen und die Register:
Sie alle stiften Verwirrung und breiten ein Netz über mich,
das meine Freiheit beschränkt und die Freude mir nimmt.
Wohin ich auch gehe: Der Weg ist und bleibt mir verschlossen.

Du, Herr, bist und bleibst zu allen Zeiten derselbe.
So frage ich mich: Welche Bedeutung hat mein Gebet für dich,
mein Klagen und Hinterfragen, mein Zweifeln und Bitten?
Und was sagst du zu meinem Schweigen aus Sprachlosigkeit?
Wenn du bereits die unausgesprochenen Worte kennst:
Was hat es für einen Sinn, sie zu bedenken und auszusprechen?

Du schweigst und bleibst still, ohne ein Zeichen für mich.
Doch im Echo meines Gebetes wird mir bewusst,
wie durch meine Hinwendung zu dir und den Anruf an dich
mein Inneres lichter wird und größere Klarheit sich bildet.
Ist dies vielleicht schon der Anfang unserer Freundschaft,
nach der ich mich trotz meiner Bedenken so sehne?

Ich kann es kaum fassen: Dann wärest du immer zugegen,
selbst wenn ich dich nur an den Spuren erahne.
Und diese sind bleibend, mein Leben unterstützend und gut.
Wird dies wohl der Anfang des Weges sein, den du mit mir
    gehst?
Dass ich zuerst bei mir aufräumen muss, leuchtet mir ein.
Du bewegst mich im Inneren, damit auch ich mich bewege
und dir in meiner Seele eine bleibende Wohnstatt bereite.

UNSICHERHEIT

Ein leises Erkennen lässt mich noch nicht handeln;
die Brücke über den Abgrund entbehrt noch der Planung.
Der Alltag verschlingt jählings die guten Gedanken.
Zurück bleibt ein Chaos aus Zweifeln und Mutlosigkeit.

Ungeduld vertreibt den leisen Impuls der Begegnung
und schafft Wirklichkeit inmitten entstandener Unwirklichkeit.
Geduld wird nichts nützen, wenn es immer so geht.
Bewegung folgt auf Bewegung und Stillstand führt zu Verlust.

Sind es Einsprechungen der Vernunft, die mich hier leiten,
oder sind es Kräfte, von denen man sagt, dass sie spalten?
Wie unsicher nur, zweifelnd und klein ist mein Glaube –
nicht einmal im Denken zu Hause, geschweige im Herzen.

Doch eines ist da – es ist schwerlich zu nennen.
Es kommt und es geht, doch etwas bleibt immer.
Wird es die Basis bilden, das tragende Fundament,
das die Leiter begründet, die den Aufstieg verspricht?

Die Väter hatten die Väter und konnten mit ihnen sprechen.
In der Wüste gab es auch Frauen voll Weisheit und Gnade.
Ihnen vertrauen und auf sie hören brachte hohen Gewinn.
Ihre göttliche Weisung entströmte dem liebenden Herzen.
Der Weg war gezeichnet, und die Schüler mussten nur gehen,
aufrecht, Hingabe übend und leer, um zu empfangen.
Störungen wurden besprochen, dämonische Kräfte verbannt,
dunkle Gedanken ertragen und erträglich zum Ausdruck
     gebracht.
Liebe, als Reinheit des Herzens verstanden, führte zum Ziel.

Die Worte der Weisung und Weisheit sagen mir viel,
doch wie soll ich aus ihnen heute die Wahrheit erkennen?
Wer beantwortet mein Fragen und führt mich den Weg?
Kein lebendiges Wort, das nur mir gilt, strömt mir entgegen.
Wer gibt liebend die Weisung: Muss ich mir alles erdenken?
Du, Gott, mein Vater, der Ansatz ist da, doch wie geht es
     weiter?
Hilflos und suchend frag ich dich bittend: Wo ist mein Weg?
Gib mir ein Zeichen deiner Liebe, deiner Güte und Treue
und lass mich Menschen begegnen mit Weisung zu dir.

ABTÖTEN?

Ich sehe, wie viele Menschen sich festgemacht haben
in geistlichen Übungen, die ihr Endzweck geworden sind.
Hast denn du es gewollt, Herr, fanatisch zu fasten,
und selbst bei Krankheit damit nicht aufzuhören?
Hast denn du es gewollt, Herr, fanatisch zu beten
und weiterzumachen, wenn jemand der Hilfe bedarf?
Hast denn du es gewollt, Herr, sich abzutöten,
wo du es gebietest, Leben zu wahren, anstatt es zu töten?

Ihren Lehren kann ich nicht folgen, es sträubt sich mein Haar.
Die Abtöter und Fanatiker glauben sogar,
ihr überzogenes Tun aus deiner Weisung heraus zu erklären.
Die Geräte, um eine Kunst zu üben, werden ihnen zum Ziel,
die Instrumente einer Wissenschaft zu ihrem Hauptzweck.
Wo ist denn ihr Ziel, Herr, das die Fülle der Freiheit offenbart?
Wo wird es Wirklichkeit, dass du sie zur Freiheit befreist?

Wichtig ist die Weisung des rechten Weges. Wer kennt ihn?
Du, Herr, bist ihn gegangen vor mehr als zweitausend Jahren.
Du kennst ihn, und trotzdem scheinst du von mir zu verlangen,
dir, nicht nachahmend, wie viele es tun, blindlings zu folgen,
sondern den eigenen Weg aus den vielen selber zu finden.
Du hast mich auf meine Füße gestellt. Hilf mir, zu gehen!

EINSICHT

Herr, nach den vielen Worten wird es mir allmählich klar,
wie wichtig es ist, meinen Geist auf dich zu richten,
und wie wichtig es ist, auch mein Herz dir zu öffnen.
Möge doch dies zur unveränderlichen Absicht bei mir werden.

Herr, du bist der Höchste, und alles andere kommt nach dir.
Erinnere mich an dies Bekenntnis und schreibe es in mein Herz.
Du selbst sagst von Maria, die zu deinen Füßen saß
und schweigend auf deine Worte hörte, wie notwendig es ist,
auf dein Wort zu hören – besser als alles andere in der Welt.

Herr, lass mich inmitten allen Tuns den besseren Teil erkennen
und schenke mir Gelegenheit, auf dein Wort zu hören.
Von Natur aus ständig besorgt, kümmere ich mich um vieles.
Du sagst, dass nur Weniges oder auch nur Eines notwendig ist.
Kann ich es verwirklichen und anderen einsehbar machen,
mich selbst und alles andere auf die zweite Stufe zu stellen?

Herr, du bist das höchste Gut und nicht das tätige Tun.
Still sein, die Erde berühren und lauschen auf dein Wort,
schweigend es aufnehmen und dabei innerlich werden –
das, Herr, nennst du das Eine, welches das andere trägt.
Alle Leistungen, und mögen sie noch so wunderbar sein,
das, was Marta tut, kann jederzeit von ihr genommen werden.
Doch das, worauf Maria sich einlässt, wird Bestand der Ewigkeit.

AKTIVSEIN

Herr, weil du das Aktivsein in den Menschen gelegt hast,
so kann dies doch nicht ohne Bedeutung sein.
Einmal, bei Krankheit und Tod, wird es sicherlich aufhören –
die Frucht eines guten Tuns jedoch wird bleiben alle Zeit.
Wer auch nur einen Becher frisches Wasser zu trinken gibt –
so dein Wort, Herr –, wird nicht um seinen Lohn kommen.

Und doch sind die vielen Übungen nicht das, was ich suche,
denn sie füllen mein Herz nicht und bleiben Fragment.
Lohn kommt vielleicht später, doch jetzt empfinde ich Mangel.
Was verheißt gegenwärtiges und zukünftiges Leben zugleich?
Aus deinen Worten, Herr, meine ich die Antwort zu hören:
Geistlich werden – getragen von körperlichem Tun.

ERKENNEN IST STÜCKWERK

Beim Blick auf die lange Geschichte der Menschheit
sehe ich, was alles der Vergänglichkeit anheimfällt:
Jedes Leben auf Erden dauert nur eine gewisse Zeit.
Veränderung wohnt allem inne, so kommt es und geht.
Alles Reden und jegliches Tun haben einmal ein Ende.
Auch mein Erkennen ist Stückwerk und es vergeht.

Herr, du verleihst Gaben nach Brauch und Bedarf;
ist ihre Benutzung beendet, werden sie wieder vergehen.
Was ist von Dauer und wirkt weiter in zukünftiger Welt?
Wenn alles vergeht, werden deine Worte nicht vergehen.
Sie sprechen dein Wesen aus, und das ist die Liebe.
Die Menschen lässt du teilhaben an deiner Natur,
und das ist die Liebe,
und die Liebe wird nie vergehen.

Nur die, die ein reines Herz haben, nehmen teil an ihr.
Ihre Teilhabe wird größer, bis sie einmal dich schauen.
Herr, wo stehe ich in der Reihe derer, die ein reines Herz haben:
ganz unten – und der Weg scheint mir endlos und weit.
Herr, wie soll ich ihn gehen und wie geht es weiter?
Ist es so, dass nur derjenige zur Gottesliebe gelangt,
der gelernt hat, selbstlos den Nächsten zu lieben?

BITTE

Herr, wenn du vom Kommen deines Reiches sprichst
und sagst, dass es nicht hier oder dort sei, sondern in uns,
werde ich traurig, weil ich es nicht in mir entdecke.
Ich versuche im Gebet eine Verbindung zu dir zu bekommen
und, wenn es mir gelingt, meine Seele zurückzuziehen.
Doch unstet und voll Unrat lässt sie sich zu gar nichts zwingen.
Sie wird beherrscht von einer Kraft, die nicht die deine ist.
Habe ich dein Reich in mir vertauscht mit dem des
     Widersachers?

Befreie meine Seele, Herr, von all dem, was nicht zu ihr gehört.
Erfülle sie mit deiner Ruhe und lass deinen Frieden in ihr
     wohnen.
Belebe sie vom Grund und schenke ihr immerwährende Freude.
Erschaffe einen neuen Himmel und eine neue Erde in mir.
Lass mich nicht mehr an das Frühere denken, tilge es ganz.
Schenke mir Barmherzigkeit und deine hilfreiche Gnade.
Lege mir deine Worte in den Mund und in mein Herz
und gib mir die Stärke und Kraft, ihnen für immer zu folgen.

HOFFNUNG

Herr, das Reich des Widersachers lebt in mir;
ich habe es bejaht und dadurch angenommen,
dass Denken und Tun mit ihm übereinstimmen.
Dunkel ist mein Inneres und trüb meine Gedanken.
Ich finde an nichts mehr Gefallen und lebe dahin.

Dein Reich, Herr, kannst du es trotzdem errichten?
Es hat keinen Bestand auf rissigem Fundament,
dessen Substanz schnell verrinnt wie der Sand.
Du hast den Grundstein in meine Seele gelegt,
als du mich voll Hoffnung in dieses Leben beriefst.

Das Fundament deiner Liebe habe ich spät erkannt,
als ich es bereits durch mein Tun untergraben hatte.
Ich kannte dich nicht, Herr, als ich der Sünde verfiel
und das zuließ, was du von Grund auf verabscheust.
Ich habe deine Güte und Liebe mit Leichtsinn verachtet.

Wunder wirkst du, Herr, täglich und ohne Zahl.
Reinige und befreie meine Seele von all dem,
was die Sünde in mir an Unrat zurückgelassen hat.
Schenke mir Einsicht und vor allem die Hoffnung,
dass du das Reich der Liebe erneut in mir aufbaust.

LOB

Du großer, unendlich großer Gott,
dir wende ich mich zu und preise dich
für das, was ich von dir erkannt habe.
Die Schöpfung hast du ins Leben gerufen.
Die Geschöpfe lassen deine Größe erahnen.

Durch dein mächtiges Wort trägst du das All.
Denen, die sich dir mit reinem Herzen zuwenden,
bist du nahe und erfüllst sie mit deiner Liebe.
Du offenbarst die Geheimnisse deiner Gottheit
allen, die ihr Herz für dich bereitet haben.

Deine Güte und Gnade schenkst du in Fülle.
Und allen, die sich dir öffnen, wird sie zuteil.
In unaussprechlicher Milde, Langmut und Liebe
erträgst du das Böse, das man ständig dir antut.
Du vergibst und verzeihst und trägst niemals nach.

Aus reiner Erkenntnis preist dich mein Mund.
Doch mein Herz ist verkrampft und verstockt,
es ist krank und zum Loben fehlt ihm der Sinn.
Wie kann es denn Heil und auch Heilung erfahren,
um dir Lob und Lobpreisung zu singen?

… und hätte die Liebe nicht, wäre alles umsonst.

… und hätte die Liebe nicht, nützte es mir nichts.

… und hätte die Liebe nicht, wäre ich nichts.

Die Liebe, die mich erfüllt, scheint mir noch klein.

Oft bekomme ich Angst, dass sie nicht wächst.

Mein Ich drängt sich immer wieder dazwischen

und lässt das Herz allzu schnell nur erkalten.

Ich kann die Liebe weder wollen noch zwingen.

Je mehr ich sie möchte, umso geringer wird sie.

Selbst sie zu denken, mindert sie maßlos.

Herr, dein ist die Liebe, nur du kannst sie mehren.

BETEN

Herr, neben all dem Widerstrebenden in mir
überfallen mich beim Beten ständig Gedanken,
überflüssige und zum Teil absurde dazu.
Sie hängen sich belastend an mein Gebet,
bedrohen es und führen ein Ende herbei.

Welch eine Flut von Gedanken tobt in mir,
wenn ich Ruhe suche und das Gebet beginne.
Sie sind wie Angreifer, die das Ziel verstellen,
und sich freuen, wenn mein Herz es verliert.
Schwinden sie, kommen hundert neue danach.

Wie kann ich, Herr, zu dir aufschauen und beten,
wenn mich Gedanken umringen ohne Zahl?
Ich rief sie nicht und will sie nicht denken,
und doch überfallen und verwirren sie mich.
Sollte ich ihnen nachgehen und sie entlarven?

Ist der Weg denn so mühsam und analytisch dazu?
Herr, du sprichst einfache Worte: «So sollt ihr beten.»
Du gibst Weisung und schenkst uns das Herrengebet,
doch von störenden Gedanken redest du nicht.
Ist das Gebet denn nur Gnade oder auch Übung dazu?

SEI GANZ

Ist es denn möglich, dir auch mit Gedanken zu dienen?
Wenn dies gelänge, würden sie das Gebet unterstützen.
Welch großer Zusammenhang besteht doch in allem!
Wo immer ich auch beginne – alles läuft auf eines hinaus:
«Selig, die ein reines Herz haben, denn sie werden Gott schauen.»

Nur gute Gedanken entsteigen einem reinen Herzen.
Die Quelle der unguten dagegen müsste versiegen.
Herr, nur langsam und zögernd lässt du mich erkennen,
worin mein erster Schritt auf dem Weg zu dir besteht.
Nicht trennen kann ich das eine vom anderen mehr,
du sprichst mich an mit allem, was ich habe und bin.

Nehme ich es ernst, gibt es kein Ausweichen mehr.
Ich höre den Anruf, der einst an Abraham erging:
«Geh einher vor meinem Antlitz! Sei ganz!»
Herr, nicht einen Teil von mir willst du, wie das Gebet,
den Dienst am Nächsten, das Fasten oder das Wachen.
Nein, du willst mich ganz und keinen abgespaltenen Teil.

DUNKLE GEDANKEN

Herr, du schenkst mir neue Erfahrung
und lässt mich neue Werte erkennen.
Wie kann ich mich beklagen über dich,
da du mir die Freiheit der Wahl ermöglichst!

Die Beschaffenheit der oft quälenden Gedanken
ändert sich ins Erträgliche und sogar ins Gute,
wenn ich ihnen eine Richtung auf dich hin gebe.
Ich erfahre Geheimnis des Glaubens: Wandlung.

Das zuvor Dunkle der Gedanken wird licht,
ihre Schwere drückt mich nicht mehr zu Boden,
ja, Herr, du lässt mich da einen Ausweg erkennen,
wo alles mir sinnlos und ohne Ausweg erschien.

Du bist wie ein Fels in brandenden Wogen,
der Halt gibt, und zugleich ziehst du mit mir,
du Starker, du fühlst mit mir mit.
Du ziehst mich an dich mit liebender Kraft.

In dieser Bewegung auf dich hin liegt Wandlung.
Gebe ich ab und lege dir alle Gedanken zu Füßen,
so nimmst du sie an – auch die schlechten –
und schenkst sie mir verwandelt zurück.

Du, Herr, bist mein Herr und mein Lehrmeister zugleich.
Jedes Wort aus deinem Mund ist Weisheit und Weisung.
Bevor du mit deinem Wort und Auftrag in die Welt gingst,
hast du vierzig Tage und Nächte in der Wüste gefastet.
Am Ende wollte dich der Widersacher in Versuchung führen.
Dreimal hat er mit Hinterlist versucht, dich zu stürzen.
Und dreimal hast du ihm gehörig eine Widerrede erteilt,
ohne dabei den Pfad seiner Rede je zu betreten.
Du hast ihm eine Absage erteilt mit einem göttlichen Wort.
Daraufhin kamen Engel und waren dir zu Diensten.

Spät erst wird mir bewusst, was du auch mir damit sagst.
Wie gut, dass durch dein Leben und Wort du mir jetzt hilfst.
Wie konnte ich nur so blind sein und keine Einsicht nehmen!
Du lebst es mir vor und zeigst mir eindeutig, klar und genau,
wie ich mit versucherischen Situationen umzugehen habe.

Umfassend ergreifst du mich und lässt mich erkennen,
wie ich mit der Versuchung fertig werde und sie besiege –
ob im Gebet in der Stille oder bei der Arbeit im Alltag:
ihren Pfad nicht zu betreten und mich ihr nicht öffnen;
ihr spontan mit einem göttlichen Wort eine Absage erteilen
und diese Widerrede gegen das Böse mehrmals wiederholen.
Herr, ich nehme dabei dich in den Blick und in mein Herz
und weiß und spüre genau, dass du aufrichtest und trägst.
Wenn es auch keine Engel sind, die mich führen und leiten,
so geschieht doch das Wunderbare: Ich stürze nicht ab.

Mein Geist kommt mir vor wie eine Wassermühle,
die ständig vom andrängenden Wasser bewegt wird.
Die Strömung der Wasser wälzt das Mühlrad
unaufhörlich in kreisendem Schwung.

Genauso kommen meine Gedanken hin und wider.
Wenn ich mich frage, von welcher Qualität sie sind,
muss ich mir eingestehen: Es sind keine guten.
Von überall stürzen Ströme von Versuchungen heran.

Der gute Müller mahlt Weizen, Hafer oder Gerste
und scheidet wohlüberlegt vorher die Unkräuter aus.
Die Mühle mahlt und mahlt unaufhaltsam weiter,
doch liegt in der Macht des Müllers, was er mahlt.

Mögen es keine müßigen Redereien und Laster sein,
die in der Mühle meines Lebens gemahlen werden.
Herr, hilf mir, jetzt und immer die rechte Wahl zu treffen,
dass ich nur kostbares Getreide aufschütte und verarbeite.

GUTE GEDANKEN

Du, Herr, kennst die Gedanken der Menschen,
du ergründest ihr Herz und kennst ihren Geist.
Schon von fern weißt du um meine Gedanken,
bevor ich sie denke, kennst du sie bereits.

Viele verkehrte Gedanken – sie trennen von dir.
Du, Herr, bist Zeuge meines heimlichen Denkens.
Ist es dunkel, schwindet von mir dein Heiliger Geist.
Und hinfällig werden all meine guten Gedanken.

Herr, lass mich nicht abkommen von guten Gedanken,
von der aufrichtigen und liebenden Hingabe an dich.
Schenke mir Frieden, der das Verstehen übersteigt,
und bewahre mein Herz und meine vielen Gedanken.

WEG

Wenn auch der Weg als rechter erscheint,
ohne dich, Herr, führt er ins Verderben.
Du bist der Weg, die Wahrheit und das Leben.

Du bist mein Weg, auf dem ich sicher gehe.
Du bist die Wahrheit, die nicht täuschen kann.
Du bist das Leben, das in Ewigkeit währt.

Lass mich den Weg auch im Dunkel erkennen.
Führe mich in die Wahrheit, wo kein Zweifel wohnt.
Schenk mir das Leben, das sich in Liebe vollendet.

Wenn sich Finsternis ausbreitet, sei du mein Licht;
wenn Wahrheit zerbricht, so sei du mein Halt;
wird mein Leben vom Tod bedroht: Verlass mich nicht.

Vieles Ungute ist in mein Herz hinabgestiegen,
und ich habe es nicht einmal wahrgenommen.
Mein oberflächliches Leben hat nichts zurückgewiesen.
Ich nahm alles leichtfertig hin, ohne zu unterscheiden.
Eitelkeit und Selbstgefälligkeit waren mir genehm,
vergängliche Schätze, die Rost und Motten verzehren.

Viel habe ich aus Rücksicht auf Menschenruhm getan,
mich verschiedenen widergöttlichen Kräften preisgegeben.
Ehrsucht und Hochmut prägten mein inneres Leben.
All das hat mir weder Nutzen noch einen Vorteil gebracht.

Herr, stelle Torhüter an die Tore meines Herzens,
die allem Bösen den Eintritt in mein Inneres verwehren.
Gib mir einen klaren und wachen Geist der Unterscheidung,
damit ich nur guten Gedanken und Gefühlen zustimme.
Lass mich alle Winkel des Herzens beständig durchforschen
und leuchte du sie aus mit dem Licht deiner liebenden Gnade.

Tilge die eingebrannten Spuren des Dunklen in meiner Seele,
die meine Sünde und meine Fehlentscheidungen hinterließen.
Wandle mein Inneres und lass es licht in mir werden,
damit du in meinem Herzen Wohnung findest für immer.

GNADENGABEN

Herr, du mein Gott, du bewirkst alles in allem.
Den Menschenkindern schenkst du bestimmte Gaben:
der eine erhält die Fähigkeit, Weisheit mitzuteilen;
ein anderer verfügt darüber, Erkenntnis zu vermitteln;
wieder ein anderer erhält die Kraft zu glauben;
ein Arzt besitzt die Fähigkeit, Krankheiten zu heilen;
ein Künstler setzt seine Kreativität unterschiedlich ein;
ein guter Redner versteht die Zuhörer zu fesseln;
ein Handwerker formt die Materie zum Nutzen aller;
ein Sprachbegabter schafft weltweite Verbindungen.

Herr, und eine Gabe, die mir sehr am Herzen liegt –
sie ist gewiss nicht eine irdische und kleine Gabe,
sondern ein großes Geschenk deiner göttlichen Gnade –,
ist für mich die Fähigkeit, die Geister zu unterscheiden.
Mit ihr gibst du mir Schlüssel zu verschlossenen Toren,
vor denen ich noch immer ratlos und fragend stehe.

Erfülle mich mit deinem Geist und deute mir dein Wirken,
schenke mir gesunde Urteilskraft, die niemanden verletzt.
Gib mir die Kraft, das Böse in jeder Gestalt zu meiden,
alles vernünftig zu prüfen und nur das Gute zu behalten.

Welche Tugend oder Übung ist die vornehmste?
Was soll ich an die Spitze meiner Bestrebungen stellen?
Was führt mich den rechten Weg und gibt festen Schritt?

Durch Fasten und Beten fallen wir nicht in Versuchung.
Wer fastet und betet, erlangt die Reinheit des Herzens.
Löse ich meine Anhänglichkeit an verschiedene Dinge,
wird der Geist frei und kann ungehindert zu dir aufsteigen.
Das Alleinsein, die Ruhe, das Schweigen und die Stille
bereiten den Boden für ein dir gefälliges Gebet.

Stehen nicht die Werke der Liebe über allem Egoismus?
Dein Reich öffnet sich denen, die Hungrige speisen,
Durstigen zu trinken geben und Obdachlose aufnehmen.
Barmherzigkeit üben die, die liebevoll Kranke besuchen.

Welches Tun oder Lassen gewährt sicheren Zugang zu dir?
Herr, dein Auserwählter, Antonios, der Stern in der Wüste,
gibt mir annehmbare Antwort auf all mein Fragen:

Viele machen mit all dem Gesagten einen guten Anfang,
erliegen jedoch leicht der Täuschung und stürzen ab.
Feuereifer und lobenswerter Wandel enden kläglich.
Allein der Mangel an Klugheit ließ sie in die Irre gehen.

Klug ist, wer weder übertreibt noch im Geist erlahmt,
wer auf das Wort der Väter hört und ihren Rat befolgt,
das Maß der rechten Zurückhaltung nicht überschreitet
und sein eigenes Wollen nicht gewaltsam durchsetzen will.
Die Klugheit unterscheidet, durchschaut und durchleuchtet.
Sie schenkt Scharfblick des Geistes und macht unser Tun hell.

Wie eine Stadt, deren zerstörte Mauern sie offen lassen,
so ist ein Mann, der etwas ohne Überlegung tut.»

Herr, um diese Weisheit und Einsicht bitte ich dich,
damit ich die zerstörten Mauern meiner Innerlichkeit
wieder errichten kann, um alles Böse abzuwehren
und voll des Friedens und in innerer Ruhe zu leben.

«Durch Weisheit wird ein Haus gebaut,
durch Umsicht gewinnt es Bestand.
Durch Klugheit werden die Kammern gefüllt
mit allerlei wertvollen, köstlichen Gütern.»

Inmitten der durch starke Mauern geschützten Stadt
darf ich, Herr, mit deiner Hilfe, Huld und Gnade
das Haus meiner Innerlichkeit neu errichten,
um durch seine Mauern abermals dem Bösen zu wehren.
Geistige Güter dürfen in den Kammern wohnen –
bleibend, ohne vom Feind vertrieben zu werden.
Herr, Klugheit, geboren aus deiner ewigen Weisheit,
möge zum Fundament meines neuen Lebens werden.

FUNDAMENT

Herr, dein Wort ist lebendig, es ist wirksam, kraftvoll
und schärfer als jedes zweischneidige Schwert.
Es durchdringt alles und ist in der Lage,
selbst Seele und Geist voneinander zu scheiden.
Herr, deiner Weisheit sind weder die Gedanken
noch die Absichten des Herzens verborgen.

Ich weiß, Herr, dass ohne die Gnade der Unterscheidung
mein Leben und mein Glaube ohne Fundament sind.
Schenke mir Klugheit, die mich mit festen Schritten
und ohne zu zagen geradewegs zu dir führt.

Bestimmten Menschen gehe ich gern aus dem Weg.
Treffe ich sie, weiß ich einen Umweg oder eine Ausrede.
Was ist der Grund, Herr, warum ich so reagiere?
Ein schlechtes Gewissen ihnen gegenüber habe ich nicht.
Und doch lässt mich etwas spontan ihre Nähe fliehen.
Wenn ich darüber denke, finde ich keine Antwort.

Nicht einmal einen Spatzen vergisst du, Herr;
und keiner von ihnen fällt zur Erde ohne deinen Willen.
Wenn sogar die Haare auf meinem Kopf gezählt sind,
wie kann ich da glauben, dass ohne dich etwas geschieht!
Du verantwortest jede Begegnung und gibst ihr Sinn.
Ja, Herr, so will ich mich all den Menschen stellen,
denen ich ausgewichen bin und die ich gemieden habe.

Du, Herr, schickst mir Menschen auf meinen Weg,
die mir etwas von dir und Wichtiges zu sagen haben.
Ich will standhalten, wenn ich ihnen erneut begegne,
und horchen auf deine verborgene und leise Sprache.
Du hast mich geschaffen, um mit all deinen Geschöpfen
gute Werke zu tun, die du für uns im Voraus bereitet hast.

DUNKLE MÄCHTE

Herr, wie viel Unheil geschieht allein durch Eigensinn,
durch Egoismus, der allzu leicht im Fanatismus endet!
In der vergangenen und gegenwärtigen Geschichte
gibt es viele, viele Menschen, die in die Irre gehen,
ja, von dunklen Mächten dorthin verführt werden.

Wie oft nur erscheint der Böse in Gestalt des Guten,
und der Gute, dem Klugheit und Gemeinschaft fehlen,
wird allzu schnell zum Handlanger des Finstern.
Viele glauben von sich, Bote der Gerechtigkeit zu sein,
in Wahrheit jedoch werden sie vom Bösen gesteuert.

Wenn ich auch viel Ungutes bei anderen Menschen sehe
und dann auf mich schaue, bin ich mir keinesfalls sicher,
ob nicht ich selbst in Dunkles verstrickt bin, ohne Wissen.
Sag mir, Herr, wie kann ich Einsicht und Klugheit erwerben,
damit meine Seele frei wird von allen unguten Bindungen?

Wie vermag ich zu erkennen, ob die Tugend,
die ich übe, Gott gefällt und vor ihm Bestand hat
oder aus Eigensinn geboren und vom Bösen ist?

Herr, wie kann ich eine Antwort von dir erfahren?
In der Heiligen Schrift bin ich zu wenig bewandert.
Auch die Weisheit der Väter ist mir noch fremd.

Gern würde ich all meine Gedanken offenbaren,
sie vor einem geistlichen Menschen aussprechen
und ihm überlassen, Spreu vom Weizen zu trennen.

Befreiend ist es, Gedanken und Gefühle zu äußern,
denn dadurch verlieren die bösen von ihnen an Kraft.
Die unterirdische Schlange kommt somit ans Licht.

Schädliche Einflüsterungen sind in meinem Herzen,
verborgen richten sie einen großen Schaden an.
Herr, ich bitte dich um Möglichkeiten des Ausdrucks.

Eine furchtbare Herrschaft haben all die dunklen Gedanken,
solange sie geheim gehütet und im Verborgenen bleiben.
Das Gewissen allerdings wehrt sich dagegen und klagt an.
Durch mein Schweigen jedoch glaube ich unterjocht zu werden.

Durch mein Bekenntnis befreist du von allen bindenden
    Banden.
Herr, meine siegreichen Gegner verlieren an Einfluss und Macht.
Ohne dich, unwissend, habe ich sie in mir herrschen lassen,
und schlimmes Geschick lastete schwer auf meiner Seele.

Herr, ich danke, dass ich dir alles bekennen und sagen darf.
Dunkles aus meinem Herzen ist durch heilsames Bekenntnis
ans Licht gekommen, hat seine zerstörende Wirkung verloren.
Durch Entdeckung vor dir hat es nun keinen Platz mehr in mir.

Herr, du bist mir zur Hilfe gekommen, hast meinen Mund
    geöffnet
und das verderbliche Schlangengift aus meinem Herzen
    gezogen.
Es ist ein Irrtum, zu glauben, etwas vor dir verschweigen zu
    müssen.
Du führst mich den Pfad des Heils und lehrst mich das
    Aussprechen.

Herr, ich habe versucht, verführerische Gedanken zu verbergen,
mich geschämt vor dir, vor mir selbst, vor anderen und der Welt.
Sie in einem heilsamen Bekenntnis zu eröffnen, fällt mir nicht
    leicht,
denn in kindlich aufrichtigem Bekenntnis offenbarte ich sie einst
einem Priester, der mir in gewisser Entrüstung Vorwürfe machte.

Es war der Umgang mit meiner Geschlechtlichkeit, den ich
    bekannte.
Dies allein schon vor einem mir Fremden in Worte zu fassen,
kostete mich Überwindung, Selbstbeherrschung und Mut noch
    dazu.
Doch ich erfuhr anstatt Heilung erneute Verwundung und Scham.
Die Wunde wuchs in die Tiefe der Seele. Bis heute will sie nicht
    heilen.

Herr, ich lebe unter Menschen und möchte über mich sprechen,
verstanden werden und bei Schuld Vergebung erfahren und Liebe.
Du sagst, dass alle kommen dürfen, um geliebt und geheilt zu
    werden.
Warum nur bin ich denn ausgeschlossen aus dieser Gemeinschaft?
Soll ich mir auf vordergründige Weise Vergebung erschleichen?

Die Worte deiner frohen Botschaft erreichen mein Ohr und den
    Geist,
doch mein Mund tut sich nicht auf und das Herz will nicht heilen.
Schicke mir doch von dir begeisterte Menschen auf meinen Weg,
die meinen Mund öffnen und das Herz weiten im Aufblick zu
    dir,
die selbst Vergebung erfuhren und mir die Hand reichen zum
    Segen.

Deine göttliche Pädagogik, Herr, offenbart sich in der Schrift.
Du greifst nicht selbst in das Leben der Menschen ein,
sondern du sprichst zu ihnen durch andere Menschen.
Lass mich hellhörig werden und hören wie Samuel hörte.
Eli, der Priester am Heiligtum von Schilo – in Schuld verstrickt –,
leitete ihn an, deinen göttlichen Anruf wahrzunehmen.

Das göttliche Licht umstrahlte Saul, der die Christen verfolgte.
Als er wieder die Augen öffnete, merkte er, dass er blind war.
Du, Herr, hast ihn zu deinem Jünger Hananias geschickt
und Saul durch ihn zu deinem auserwählten Werkzeug gemacht.
Herr, schicke auch mir Menschen auf meinen unwegsamen Weg,
die in mein Inneres eintreten und mich mit deinem Geist erfüllen.

Der wahre Weg, den du, Herr, mir zeigst, führt über die
Menschen zu dir.
Doch wie viele Umwege musste ich gehen bis zu dieser
Erkenntnis!
Dein Unterricht war mir zu fremd, daher mied ich die Menschen.
Anmaßend und blind überließ ich mich meiner eigenen
Entscheidung.
Wie gern würde ich meinen Vater fragen um Rat, wenn er noch
lebte;
wie gern die Hilfe der Mutter annehmen, die ich ihr ausschlug.

ESSEN UND TRINKEN

Für mein oft maßloses Verhalten bitte ich um Vergebung.
Aus Schuldgefühlen habe ich zur Wiedergutmachung gefastet
und dabei meinem Körper lebensnotwendige Kräfte entzogen,
ihn durch die Dürre des Fastens niedergedrückt und missachtet.
Keine geistige Wachheit und Gottesnähe waren dabei der Erfolg,
Schwäche und Müdigkeit drängten mich unaufhörlich zum Schlaf.
Selbst das Beten verfiel und strömte kraftlos und nichtig dahin.

Für mein oft maßloses Verhalten bitte ich um Vergebung.
Aus Überdruss habe ich gegessen, Mengen und mehr als erlaubt.
Damit habe ich meinen Körper und meine Seele ungut belastet,
mir hemmende Trägheit und Mangel an geistiger Wachheit
    erkauft.
Das Essen brachte Geselligkeit, doch die Zeit floss nutzlos dahin.
Der unruhige Schlaf weckte in mir Trugbilder heimlicher Lust,
die die Sinne erregten und den Körper fordernd durchzogen.

Warum, Herr, wird mir so spät mein falsches Verhalten bewusst?
Das Maß der Enthaltung und der Entsagung hat seine Grenzen,
denn durch Mangel an Speise verliert der Geist die Kraft zum
    Gebet,
und ständige Sättigung im Übermaß tötet Geist und Verstand.
Aus Übereifer und Trägheit habe ich mir Hindernisse
    aufgeschichtet,
die meinen Weg zu dir und das Fließen deiner Liebe zu mir
    versperren.
Vergib mir die Umwege und lass mich die rechte Mitte erkennen.

II. TEIL

WEG
UND
BEGEGNUNG

LÄUTERUNG

Liebes-Feuer:
Du lodernder Brand
der die Schlacken
verzehrt

DEN WEG GEHEN

Du, Herr, verleihst den Geist der Einsicht,
den Geist der Erleuchtung und den Geist der Vollkommenheit.
Wenn du jedoch schweigst, Herr, vermögen wir nicht viel.
Wir können zwar das Wort zum Klingen bringen,
doch das Herz erreichen wir durch das bloße Wort nicht.

Wir können Buchstaben aneinanderreihen,
doch nur du kannst uns ihren wahren Sinn erschließen
wie den Emmaus-Jüngern, denen du die Augen und das Herz
für das Verständnis der Schrift öffnetest.
Wir können zwar über die Geheimnisse des Glaubens reden,
doch nur du besitzt den Schlüssel, um sie uns zu erschließen.

Was nutzen uns alle Ge- und Verbote, die von Menschen kommen,
wenn wir nicht einmal genau wissen, ob sie auch dir entsprechen.
Und selbst zur Erfüllung deiner Weisung gibst du uns die Kraft.
Lehrer zeigen den Weg, die Kraft, ihn zu gehen, stammt von dir.
Von außen geben sie uns Hinweise, doch du, Herr, belehrst
und erleuchtest das Herz und machst uns zu wahrhaft Sehenden.
Was nutzen uns viele Worte, wenn wir ihren Sinn nicht verstehen?
So kommt es weder auf den an, der pflanzt, noch auf den, der
     begießt,
sondern auf dich, Herr, allein, der es wachsen und fruchten lässt.

Du, Herr, belehrst und unterweist mich in der ewigen Wahrheit.
Viel Wissen habe ich aufgenommen und viele Worte gehört,
die es nicht vermochten, mich zu berühren und zu begeistern.

Ja, Herr, du hast mich begeistert durch dein Wort.
Oft habe ich es zwar gehört, aber nicht befolgt,
und die Begeisterung wurde durch äußere Einflüsse erstickt.
Ich habe dein Wort erkannt, aber noch nicht geliebt;
du hast es mir anvertraut, doch ich habe es nicht bewahrt.

Sprich noch einmal zu mir, Herr, damit meine Seele gesundet
und die Fülle deiner Liebe in mir Platz findet und bleibt.
Herr, zu wem sollen wir gehen? Du hast Worte des ewigen
    Lebens.
Sprich zu mir, damit ich mein Leben noch einmal beginne.
Dir sei Lob und Ruhm und Ehre immerdar.

WENDE DICH MIR ZU

Herr, du bist die Quelle und das Ziel allen Lebens.
Du bist der Höchste, und ich frage mich, wer ich bin,
dass ich zu dir aufschauen und mit dir reden darf.
Mein Mund vermag deinen Namen nicht auszusprechen,
mein Verstand kann deine Größe nicht denken
und mein Herz deine Liebe nicht annähernd fassen.

Du allein, Herr, bist gut, gerecht und heilig.
Du vermagst alles, gibst alles und erfüllst alles.
Denk an dein Erbarmen und erfülle mein Herz mit Gnade.

Du erhältst mich am Leben, in dieser Welt und in Ewigkeit.
Was wäre ich ohne dich, wenn dein Erbarmen
und deine liebende Gnade mich nicht stärkten?

Wende dich mir zu und erhelle die Dunkelheit in mir,
meine Seele dürstet nach dir wie trockenes Land.
Lehre mich deinen Willen zu tun, denn du bist mein Gott.
Dein guter Geist leite mich auf ebenem Pfad.
Du, Herr, bist die Weisheit, nach der ich mich richte,
du allein kennst mich in voller Wahrheit
und weißt um mich noch bevor ich geboren wurde.

Herr, was du lehrst, soll in mir wahr werden.
Deine Wahrheit soll mich lehren, sie soll mich behüten
und mein Leben auch jenseits dieser Welt bewahren.

Du selbst bist die Wahrheit, und so bitte ich dich,
mir zu helfen, schlechte Gewohnheiten abzulegen,
mir Liebe ins Herz zu legen und sie zu kultivieren
und mich von allen unguten Eigenschaften zu befreien.

Vater im Himmel,
Vater meines Herrn Jesus Christus,
ich danke dir von ganzem Herzen,
dass du dich durch den Sohn offenbarst
und mich mit hineinnimmst
in das Geheimnis deiner Liebe.

Gepriesen bist du,
Vater des Erbarmens
und Gott allen Trostes.
Du tröstest mich in all meiner Not,
damit ich die Kraft habe,
alle zu trösten, die in Not sind
und des Trostes bedürfen.

Dank sei dir für die Liebe,
die mir dein Sohn schenkt.
Wenn deine Liebe mich berührt,
jubelt mein Herz,
und ich möchte dein Kommen
hinausrufen in alle Welt.
Auch in dunklen Tagen bist du, Herr,
meine Hoffnung und meine Zuflucht
am Tag und in der Nacht der Not.

Meine Liebe zu dir ist schwach und unvollkommen.
Ich bedarf der Stärkung und bitte dich, mir nahe zu sein
und mich durch deinen Heiligen Geist zu unterweisen.

Befreie mich zuvor und immer von ungeordneten Neigungen
und Leidenschaften, die unserer Begegnung im Wege stehen.
Heile mein Herz und mache es weit, damit ich fähig werde,
dich zu empfangen und weitaus tiefer zu lieben als bisher.

Gib mir die Kraft, unumgängliches Leid anzunehmen.
Gib mir den Mut durchzuhalten, um mit dir gemeinsam
das Kreuz anzunehmen und zu überwinden.

Herr, mache mein Herz weit und fülle es mit Liebe.
Diese Liebe möge so überwältigend und stark sein,
dass nichts sie mindern oder verdrängen kann.
Ich möchte ergriffen werden von deiner Liebe
und über mich selbst hinauswachsen.

Das Lied der Liebe möchte ich singen und dich bitten,
dass sie mich niemals mehr verlassen möge.
Deinen Namen will ich anrufen und ihn preisen
und dich mit all meiner Kraft des Herzens wiederlieben.
Alle, die dich lieben, möchte auch ich lieben.
Die Liebe hast du lichthell in unsere Seelen geschrieben.

Herr, vielleicht habe ich einige deiner Worte begriffen
und sie sind tief in mein Herz gefallen.
Du hast mich das Gebet der Hingabe gelehrt,
und ich habe erfahren, dass ich dir näher bin als zuvor.

Es gefällt dir und wird mir zum geistlichen Gewinn,
wenn ich im Gebet deinen heiligen Namen anrufe,
ihn innerlich oftmals wiederhole und dabei lerne,
meine Gedanken und letztlich mich selbst loszulassen.

Durch dein Leben, dein Gebet am Ölberg und am Kreuz,
führst du mich zum Beten – die Hingabe an den Vater.
Alles, was ich bin und habe, lege ich in deine Hände.
Ich darf durch dich die wunderbare Erfahrung machen:
Wenn ich im Gebet mich selbst aufgebe, meine Gefühle,
meine Gedanken, Vorstellungen und meine Wünsche,
dann kommst du mir mit deiner Gnade entgegen.
Mein Herz wird weit und meine Seele licht. Du zeigst mir,
was ich bin und war, woher ich kam und wohin ich gehe.

Bliebe ich mir selbst überlassen – möge es nicht geschehen –,
ohne dich wäre ich nichts, könnte ich nichts,
und mein Leben hätte weder Sinn noch gäbe es ein Ziel.

Du wendest dich mir zu, Herr, und mein Leben erhält Sinn;
du zeigst mir den rechten Weg, der zum Ziel führt –
zum Ziel, das ich bereits in meinem Herzen trage.
Du schaust mich an und neue Lebenskraft strömt mir zu.
Mein Herz jubelt vor Freude, und ewig will ich dir dienen.

Wie ist es nur möglich, dass ich mich so erhoben
und so liebevoll von dir angenommen fühle,
wobei mich doch die Erdenschwere nach unten zieht?

Es ist deine Liebe, die mir trotz meiner Fehler zukommt.
Sie hilft mir in belasteten Lebenssituationen, in Gefahr,
und rettet mich vor unzähligen Abgründen.

Ich habe mich eigennützig selbst zu sehr geliebt
und mein Ich zur Mitte von allem gemacht.
Und dabei habe ich mich selbst und dich verloren.

Und dann sprachst du zu mir. Ich habe dich erkannt
und in deinem Licht mich selbst wieder gefunden.
Deine Liebe hat meine Liebe zu dir geweckt
und mich fähig gemacht, wiederzulieben.

Seither gehe ich meinen Weg mit dir – oder besser:
Seither gehe ich deinen Weg mit dir.
Deine Liebe, die du, Herr, mir erweist, übersteigt alles,
was ich zu hoffen oder zu bitten wage.

DU BIST MIR NAHE

Gepriesen bist du, mein Herr und mein Gott.
Obwohl ich es nicht verdient habe, beschenkst du mich.
Obwohl ich mich von dir entfernt habe, bist du mir nahe.
Verzeihe mir meine mangelnde Einsicht und Undankbarkeit.

Ich spreche den Lobpreis auch für meine Familie und Freunde.
Bekehre du uns zu dir, damit durch deine Gnade
unser Leben neu erblühen und erstarken kann,
damit wir das Geheimnis deiner Liebe tiefer erkennen
und wir durch das Gebet der Hingabe näher zu dir kommen
und niemals mehr von dir getrennt werden.
Denn du bist unser Freund, unsere Stärke und unser Heil.

Was der Liebende erwarten darf, ist unaussprechlich.
Du schenkst ihm deine Güte und holst ihn näher zu dir.
Wie sehr du mir zugetan bist, hast du mir gezeigt,
indem du, als ich noch nicht war, mich erschufst.

Und als ich weit von dir entfernt umherirrte,
führte deine liebende Hand mich zurück.
Du hast mir deine Liebe ins Herz gelegt,
so dass auch ich lieben kann.

WIE SOLL ICH DIR DANKEN?

Du, Herr, bist der Quell ewiger Liebe.
Sprachlos und staunend stehe ich vor dir.
Deine Liebe hast du mir niemals entzogen.
Auch dann hast du mich geliebt,
als ich mich von dir abwandte und sündigte.

Mehr als ich je hoffte, gewährst du Vergebung
und schenkst mir dein reiches Erbarmen.
Du legst deine Hand auf mich
und gibst mir deine Gnade und Freundschaft.
Wie soll ich dir danken, Herr?

Es ist nichts Großes, Herr, wenn ich versuche,
dir auf meine Weise zu dienen und dich zu ehren.
Allein groß und wunderbar ist es in meinen Augen,
dass du mich nicht verstößt, mir nichts nachträgst
und trotz der Last, die ich auf mich geladen habe,
mich so liebst, als gäbe es sie nicht.

DEIN UNENDLICHES ENTGEGENKOMMEN

Alles, was du geschaffen, Herr, gehört dir,
auch das, was ich bin und was ich besitze.
Und wenn ich mich aufmache zu dir,
bist du es, der mir weit mehr entgegenkommt.
Und wenn ich glaube, etwas Gutes für dich zu tun,
bist du mir zuvorgekommen, indem du seit Anbeginn
das Beste für mich getan hast und immer neu tust.

Himmel und Erde hast du erschaffen.
Sie atmen deine Liebe und deine Schöpferkraft.
In ihr dürfen wir uns geborgen und zu Hause fühlen.

Und auch die Engel hast du beauftragt,
der gesamten Schöpfung zu dienen
und sie in die Ruhe bei dir zu führen.
Du beauftragst deine Engel sogar,
mich auf all meinen Wegen zu behüten,
mich auf ihren Händen zu tragen,
damit mein Fuß nicht an einen Stein stößt.

Doch all dies wird unvergleichlich weit übertroffen:
Du selbst, Herr, bist Mensch geworden, um uns,
um mich aus der Dunkelheit und dem Tod zu erlösen.

MEIN RUFEN ZU DIR

Was kann ich tun, Herr, um dir für die unzähligen Gaben
deiner entgegenkommenden Liebe zu danken?
Wäre ich doch nur imstande,
dir wenigstens einen einzigen Tag würdig zu widmen!

Ich will versuchen, auch in den kleinen Dingen des Lebens
dir die Ehre zu geben und dir zu dienen.
Ich will versuchen, in den Widerwärtigkeiten des Alltags
mir deine liebende Gegenwart bewusst zu machen.

Und mein Gebet, mein Rufen zu dir –
und sei es noch so unvollkommen – möge dich erreichen.
Lass mich wissen, was ich für dich tun kann.
Ich möchte dankbar sein und dir dienen.

Du bist mein Herr und mein Gott.
Ich möchte mich dir ganz zur Verfügung stellen,
damit dein Wille an mir geschehe.
Ich will deinen Namen anrufen und dich bitten,
deine Liebe möge all das ergänzen, was mir fehlt.

Es bedeutet mir alles, wenn ich mich dir zuwenden darf,
um von dir Gnade über Gnade zu empfangen.
Ich weiß, dass alles andere danach kommt,
weil du, Herr, die erste Stelle einnimmst.
Es gefällt dir, wenn ich mich erhebe und zu dir bete
und mich unaufgefordert in deinen Dienst stelle.

Durch dich erfahre ich eine wunderbare Wandlung:
Dunkles und Widergöttliches verlassen mich,
ungeordnete Gefühle werden geordnet und kultiviert.

Die Kraft deines Geistes erfüllt mein Herz mit Liebe
und deine Gnade erfüllt meine Seele mit Licht.
Um mich mit dir zu verbinden, rufe ich deinen Namen,
verzichte auf das, was mich ablenkt von dir,
und bescheide mich, damit ich ganz in dir beheimatet bin.

WEG DER HINGEBENDEN LIEBE

Du führst mich zu der Erkenntnis,
dass der Weg der hingebenden Liebe wahrhaft frei
und glücklich macht und zur Vollkommenheit führt.
Ich danke dir für deine Begleitung und deine Liebe,
die du mir – wie du gesagt hast – niemals entziehst.

Möge ich sie auch dann in mir spüren,
wenn mich alles zu verlassen scheint.
Wie hebst du die Menschen an, die zu dir kommen
und damit dem Bösen eine Absage erteilen!

Mit dir versöhnt zu sein, deine Nähe zu spüren
und von dir durch dunkle Nächte geführt zu werden,
bedeutet für mich das höchste Gut und Sicherheit.
Du möchtest mich mit Freude erfüllen, die kein Ende kennt.

Mein Herr und mein Gott, ich sehe ein,
dass mir Geduld und innere Ruhe fehlen,
um mein Leben sinnvoll zu bestehen.

Zu viele Spannungen gibt es auszuhalten,
Widerwärtigkeiten, die ich kaum aufzulösen vermag.
Was ich auch unternehme, um Frieden im Herzen,
in meiner Seele und in meiner Umwelt zu haben:
Alles wird immer wieder von Unfrieden, Dunklem
und unlauteren Machenschaften durchkreuzt.

Bleiben mir denn, wenn ich auf dem rechten Weg bin,
und in deiner Nachfolge Fortschritte mache,
Schmerz und Leiden überhaupt nicht erspart?

BROT DER ENGEL

Herr, ich stehe sprachlos vor dir und staune.
Ich staune vor deiner unendlichen Liebe, die du offenbarst,
und vor all dem Wunderbaren, was mir noch verborgen ist.
Deine Worte geben mir Zuversicht und Sicherheit.
Doch wer bin ich, dass ich mich zu dir erheben darf?

Du hast die Himmel und die Erde geschaffen,
dein Wesen ist anwesend, doch bist du nicht sichtbar.
Du bist und wirkst in allem und ordnest alles.
Deine Liebe durchstrahlt die gesamte Schöpfung.
Doch du schonst keines deiner Geschöpfe,
das sich über dich erhebt – selbst die Engel nicht.

Herr, und ich nehme mir heraus,
in deinen Augen etwas Besonderes zu sein!
Vergib mir meine Überheblichkeit.
Ich müsste den rechten Weg längst erkannt haben;
ich sah Menschen hungern, die das Brot der Engel aßen.
Sie hätten ihren Hunger gern mit dem gestillt,
was die Schweine fraßen, doch niemand gab ihnen davon.

Kein Heil leuchtet mehr auf, wenn du deine Hand
zurückziehst.

Keine Weisheit erfüllt mehr das Herz, wenn du sie nicht lenkst.

Keine Kraft richtet etwas aus, wenn du sie nicht aufrecht hältst.

Keine Liebe entfaltet sich, wenn ihr Quellgrund verschlossen
bleibt.

Kein Wachstum erfolgt, wenn du nicht deinen Segen in Fülle
spendest.

Keine Enthaltsamkeit bewirkt etwas, wenn du sie nicht
unterstützt.

Kein Werk und kein Gebet bringen Frucht, bist du nicht
gegenwärtig.

Sind wir uns selbst überlassen, so versagen wir.

Lässt du uns los, sinken wir in die tiefsten Tiefen.

Bist du, Herr, jedoch gegenwärtig und mit uns,

können wir uns aufrichten und sogar Berge versetzen.

Du erfüllst das Herz mit dem Feuer deiner Liebe.

Ich wollte zu hoch hinaus und habe meine Mitte verloren.
Du hast mich aus Liebe in meine Grenzen zurückgewiesen.
Ich weiß, dass ich sie einhalten muss und es auch kann
und die Grenzen nur mit deiner Hilfe überschreiten darf.

Deine Güte ist grenzenlos, deine Treue unendlich.
Deine Urteile sind gerecht und tiefer als der Ozean.
Bei dir, Herr, ist die Quelle allen Lebens,
und in deinem Licht schauen wir das ewige Licht.

Schenke mir, Herr, die Gnade und die Einsicht,
damit ich mich immer neu in deinen Grund versenken kann.
Ohne dich ist meine Last zu schwer und unerträglich,
mein Weg ohne Ziel, wie ein Meer, das uferlos vor mir liegt.

Ich will mich dir ganz anvertrauen, ohne zu wissen,
wohin mich mein Weg mit dir sowohl in dieser
als auch in der kommenden Welt führen wird.
Alles Gute kommt von dir; ohne dich kann ich nichts tun.

Was ist unter all deinen Geschöpfen der Mensch vor dir?
Wie vermessen ist es, würde ich mich meiner rühmen.
Dir gehöre ich, dein bin ich, von dir bin ich ausgegangen,
um einmal zu dir wieder zurückzukehren.

Wenn deine Wahrheit mich ganz durchdrungen hat,
kann keine Macht der Welt mich mehr trennen von dir.
Möge die Zeit nicht allzu fern mehr sein,
in der Gott allein in meinem Inneren wohnt,
ich vertrauend meinen Geist in seine Hände lege
und er zum Ziel meines Lebens geworden ist.

Viele Worte sind auf diesem Weg nicht erforderlich.
Wer jedoch laut ist und viel redet, läuft Gefahr,
mit dem Echo seiner Worte selbst zu schwinden.
Die Treue des Herrn jedoch bleibt in Ewigkeit.

IN DIR RUHE FINDEN

Jesus Christus, Heiland der Welt,
begleite mich mit deiner Gnade
und gewähre sie mir bis ans Ende,
in dem ein neuer Anfang wohnt.
Mein Wünschen und Wollen möge
niemals von dem abweichen,
was du für mich vorgesehen hast.

Lass mich wollen, was du willst,
so dass dein und mein Wille eins sind.
Schenke mir über alle Wünsche hinaus,
dass ich in dir die verheißene Ruhe finde
und mein Herz von deinem Frieden erfüllt ist.

Ich weiß, Herr, dass ich in dieser Welt
dauerhaft keine Ruhe finde und meine Wünsche
keine vollständige Erfüllung erfahren.
Vieles bleibt Fragment, doch du, Herr,
wirst in mir das Fehlende ergänzen
und das Begonnene zur Vollendung führen.

Könnte ich alle Freuden des Lebens genießen,
weiß ich: dieser Genuss hat keinen langen Bestand.
Meine Seele verlangt nach Gemeinschaft mit dir.
Sie möchte sich in dir vollenden und ewig sein.

Warte, meine Seele, und sei nicht unruhig in mir.
Erwarte die Verheißung, nach der du verlangst.
Der Himmel wird dir die Fülle alles Guten gewähren:
die zeitlichen Güter für das Heute und den Übergang,
die ewigen Güter zur Erfüllung deiner Sehnsucht.
Nutze das Zeitliche, doch ersehne das Ewige,
das allein dich erfüllen und unendlich beglücken kann.

Sei nicht unruhig, meine Seele.
Würdest du alles Vergängliche dein Eigen nennen:
Du würdest niemals damit glücklich und zufrieden sein.
Denn nur in Gott, der alles so wunderbar erschaffen hat,
sind dein Glück und deine Seligkeit begründet.
Das Glück und die Seligkeit sind mit den Augen der Welt
und durch menschliches Denken nicht wahrzunehmen.

Sei nicht unruhig, meine Seele, du bist ja auf dem Weg,
um Gottes Licht und seine Liebe zu empfangen.
Nur durchstrahlt von seinem Geist kannst du leben.
Übe dich in Geduld, meine Seele, und harre auf Gott,
der dir einen Vorgeschmack auf das Kommende gewährt.

DANKE DEM HERRN

Herr, ich habe bitter erfahren müssen,
wie Menschen die Wahrheit verdrehen
und zu ihren Gunsten auslegen.

Du, Herr, bist die alleingültige ewige Wahrheit,
die ich im Inneren schweigend vernehmen darf.
Ich spüre, dass du bei mir und überall mit mir bist.
Ich bitte dich, mir überall und immer beizustehen.
Ich weiß, dass du dich niemals von mir zurückziehst.
Bei einer Trennung bin ich es, der sich von dir entfernt.

Meine Seele möchte dich loben und dir danken
für die Einsicht in deine göttliche ewige Wahrheit,
für all das Gute, das du mir schenkst, jetzt und immer.

Du kennst mich besser als ich mich je kennen könnte;
du bist mehr um mich besorgt als ich es je sein könnte.
Ich stehe auf unsicherem und schwankendem Boden
und weiß, dass ich nur zusammen mit dir sicher gehen kann.

Herr, ich habe den Wunsch und das starke Verlangen,
mein Leben ganz und gar auf dich auszurichten,
damit Wirklichkeit wird, was du mir verheißen hast.
Hilf mir, mein Wesen in deinem Wesen zu verwurzeln,
damit ich in dir fest werde und auf ewig bleibe.

Alles, was du mir schickst, kann nur gut sein für mich.
Wenn du willst, dass Licht mich erfüllt: danke ich dir –
Finsternis mich umgibt: Sei du meine Zuflucht –
Gnade mir zufließt: so will ich sie weiterschenken.
Ich möchte dir alle Zeit nahe sein und dich lieben,
was immer auch mit mir geschehen mag.

AUF DEM WEG MIT DIR

Herr, ich möchte den Weg mit dir gehen,
der nichts ausschließt – weder Leid noch Freude.
Ich weiß jedoch aus meiner Erfahrung,
dass ich das Wohl willkommener heiße als das Weh,
dass das Gute mir angenehmer ist als das Gegenteil
und ich lieber glücklich als traurig bin.
Darf ich so sein wie ich bin und empfinde?
Oder möchtest du, dass ich alles, was mir begegnet,
annehme und dafür dankbar bin?

Bewahre mich, Herr, vor falschen Entscheidungen,
vor Leid, das ich anderen und somit auch mir zufüge,
und vor allem Bösen, das durch mich ausgelöst wird.
Mein Herz ist wach und ich höre auf dein Wort.

Sende mir, Herr, dein Licht und deine Liebe.
Du hast gesagt, dass du meinen Namen niemals
aus dem Buch des Lebens streichen wirst,
sondern dich vor dem Vater zu mir bekennst.

Herr, gibt es denn eine größere Liebe als die,
die du den Menschen erweist und erweisen möchtest?
Du hast den Willen deines Vaters geduldig erfüllt
und bist für uns gestorben und erhöht worden.

Wie könnte ich da dein liebendes Entgegenkommen,
das du mir ständig neu unterbreitest, ausschlagen?
Wie könnte ich verzagen oder den Weg mit dir abbrechen?
Es fällt mir nicht leicht, mich nach deinem Willen
und nach deinem Beispiel in Geduld zu üben,
das mitunter dunkle und zerbrechliche Leben zu bejahen
und mein Inneres zu öffnen, damit du es wandeln kannst.

Wenn auch das Leben für viele Menschen zeitweilig
oder gar für eine lange Zeit leidbeladen ist,
so bietest du uns in diesen schweren Zeiten der Not
deine Hilfe und die Fülle deiner Gnade an.

Es gab in meinem Leben schmerzvolle Phasen,
in denen ich die Zusammenhänge nicht einsah.
Dein Beispiel und das derjenigen, die dir nachgefolgt sind,
geben mir Mut, in dunklen Zeiten durchzuhalten
und dein Licht in meinem Inneren zu bewahren.

Du, Herr, hast die verschlossenen Tore meiner Seele,
meines Herzens und die des Himmels wieder geöffnet,
so dass dein Licht des Lebens und die göttliche Liebe
ungehindert fließen und in mir wachsen können.

Wie unendlich dankbar bin ich dir, Herr,
dass du mir – ja, dass du allen – durch dein Leben,
deinen Tod und deine Auferstehung den Weg
zum wahren Ziel allen Lebens gewiesen hast.
Mit dir zusammen ist er lichtvoll und leicht,
du trägst uns, und der Weg wird zu deinem Leben.

Weil du alle Stationen durchlebt und durchlitten hast
und uns als Erster zum Vater vorausgegangen bist,
wurdest du unser Erlöser, Heiland und Retter.
Glaubend, wissend und vertrauend folgen wir dir.
Ach, Herr, was wäre aus allen Menschen geworden,
wärest du nicht vom Himmel gestiegen zu uns?

EINSICHT

Herr, ich stehe am Anfang und kenne mein Unvermögen.
Ich möchte noch Gleiches mit Gleichem vergelten,
und mir fehlt es an Einsicht und vor allem an Geduld.

Und so bitte ich umso inständiger um deine Gnade,
die in mir das wirken und ausführen möge,
was mir unmöglich und unausführbar erscheint.
Du siehst, wie klein und begrenzt ich bin
und wie schnell ich aus der Bahn geworfen werde.
Sobald sich ein unüberwindbares Hindernis einstellt,
verliere ich den Mut, resigniere, fliehe und leide.

Ich weiß, Herr, dass dir dies alles missfällt.
Hilf mir, mein Leben mit dir zusammen zu gestalten.
Führe mich zur Einsicht, lehre mich geduldig zu sein
und mache mich in allem ausdauernder und tragfähiger.

Herr, ich möchte vor dir meine Schwachheit bekennen.
Kleinigkeiten sind es, die mich mutlos und traurig machen.
Ich nehme mir vor, entschlossen und zielgerichtet zu handeln –
bei der kleinsten Versuchung jedoch gerate ich in Zweifel
und Unsicherheit und mangelndes Vertrauen überfallen mich.

Eine unbedeutende Sache ist imstande mich aufzuregen,
mich mit Unmut zu erfüllen und mich zu blockieren.
Selbst wenn ich mich einigermaßen sicher glaube,
kann mich ein leichter Windstoß bereits zu Boden werfen.

Meine Fehler und meine Schwächen, Herr, sind dir bekannt.
Du aber hast Erbarmen und zeigst mir den rechten Weg.
Ich schäme mich jedoch maßlos vor dir, dass ich falle
und vielen Versuchungen nicht widerstanden habe.

Ich lege Unbeständigkeit an den Tag und leide darunter,
mich mit bestimmten unguten Wünschen und Begierden
täglich und immer wieder neu auseinanderzusetzen.
Sie drängen sich mir ganz von selbst und gewaltig auf
und ziehen mich nach unten, wenn ich ihnen nachgebe.
Hilf mir, diese Wunsch- und Fantasiebilder zu verwerfen,
sie sind schneller bei mir als ich sie zurückweisen kann.

ICH BEKENNE

Herr, du übertriffst alles an Stärke, Geduld und Liebe.
Um uns aus unserer Schwachheit zu befreien,
reichst du deine Hand und bietest deine Freundschaft an.
Wie oft habe ich sie zurückgewiesen und dir wehgetan!

Doch stehst du zu mir in allem, was ich auch unternehme.
Stärke mich mit deiner heiligen Geisteskraft,
so dass ich zur rechten Zeit richtige Entscheidungen treffe
und Begonnenes zu einem guten Ende führen kann.

Vor dir ist nichts verborgen, und so siehst du auch,
wie mich verführerische Kräfte, die ich aufgelöst glaubte,
immer wieder besetzen und mein Bewusstsein trüben.
In ihnen atmet und pulsiert nicht dein Heiliger Geist,
denn sie wollen spalten und mit mir eigene Wege gehen.

Wie könnte ich ohne dich leben und den Alltag bestehen?
Neue Versuchungen treten immer wieder an mich heran.
Sie wollen zu Fall bringen und trennen von deiner Liebe.
Gerade bin ich mit einer Widerwärtigkeit fertig geworden,
da fällt mir bereits unerwartet eine neue in den Rücken.
Was wäre mein Leben, Herr, ohne dich und deine Hilfe?

Wie könnte ich mein Leben lieben,
das viel Schweres und Bitterkeit in sich birgt
und zu einem großen Teil dem Leid ausgesetzt ist,
wenn du, Herr, nicht an meiner Seite wärest
als Sieger über alles Leid und den Tod?

Du zeigst mir, wie ich mich trotz Schattenhaftigkeit
immer neu dem Licht des Lebens zuwenden darf.
Du lehrst mich, es zu lieben und Freude zu finden.

Vieles ist bei mir bedauerlich und verachtenswert,
doch mit der Kraft deiner Liebe kann ich es wandeln.
Lass mich nicht in schlechte Gewohnheiten abgleiten
und hilf mir, von unguten Begierden frei zu werden.
Deine Gegenwart, Herr, ist mir Schutz und Schild,
Dunkles zu überwinden, damit du es wandelst in Licht.

Vieles von deiner geoffenbarten Weisheit, Herr,
geht ein in mein Herz und wird zum Bestandteil des Lebens.
Und doch schleicht sich bei mir wieder gefährliche Lust ein,
die mich unruhig macht und massiv nach Erfüllung verlangt.
Sie ist mit ihrer fast unbändigen Kraft in der Lage,
meine Kraft zu zerstören und mich abseitige Wege zu führen.

Manchmal, ohne es zu wollen, gehe ich diese Wege sogar.
Und ich frage mich, was ich wirklich von dir begriffen habe
und wie es mit mir in der Zukunft weitergehen soll!

Herr, nimm meine Schwächen an und wandle sie in Stärke.
Ich möchte mein äußeres und inneres Leben nach dir ausrichten
und keinen trügerischen Versuchungen mehr zum Opfer fallen.
Lass mich das Rechte erkennen, Blendungen durchschauen
und kluge Entscheidungen treffen. Darum bitte ich dich, Herr!

Herr, meine Seele darf sich nicht lange bei dem aufhalten,
was außerhalb von dir ist oder gar geringer als du.
Sie kann die Ruhe, die allen Geschöpfen zugrunde liegt
und nach der alles Geschaffene sich sehnt, nur in dir finden.

Herr, öffne mir den Weg über alles Sichtbare hinaus,
über alles Denk- und Vorstellbare und führe mich zu dem,
was jenseits allen Denkens als Quellgrund in dir verborgen ist.

Herr, zeig mir den Weg und gib mir Einsicht und Kraft,
mich im Gebet der Hingabe und immer auf dich zu verlassen.
Mein Ich und alles damit verbundene Gute und Schlechte
möchte ich dir geben und alles Sichtbare überschreiten,
um bei dir und mit dir zu sein und in deiner Ruhe zu ruhen.
Ich schließe die Augen und lasse in der Bitte um Erbarmen
alles zurück, was mich auf dem geraden Weg zu dir hindert.

ÜBER ALLES HINAUS ZU DIR

Wenn ich mich im Gebet, Herr, ganz in deine Hände lege,
kann mich nichts, was geringer ist als du, von dir abhalten.
Alles, was bisher in meinem Leben an erster Stelle stand,
opfere ich dir jetzt im Gebet der Ruhe auf:

die Schönheit der Natur und die Weite des Kosmos,
die körperliche und seelische Gesundheit,
das Heil der Welt und allen Segen, der darauf ruht,
alle Gefühle, Gedanken, Worte und Handlungen,
die Kraft des Geistes und seine Ausgestaltung,
die Kunst, die Musik und den Gesang,
das Wort, die Bücher und die Heiligen Schriften,
alle Gottesvorstellungen und die Philosophie,
die Wissenschaften und alle geistigen Reichtümer,
die Freude, die der Geist fassen und empfinden kann,
alle Verheißungen, Erwartungen und Hoffnungen.

Führe mich im Gebet der Hingabe zu dir in die göttliche Ruhe –
über die Gemeinschaft der Heiligen, über Engel und Erzengel,
über alles Sichtbare und Unsichtbare, über alles hinaus – zu dir.

Als noch nichts Bestand hatte, warst du, Herr, bereits.
Du bist der Quell allen Lebens, der niemals versiegt.
Aus der Vielgestaltigkeit der Schöpfung finde ich,
wenn ich alles loslasse, zu dir, dem Einen, zurück.

In dir, Herr, ist alles Gute zugleich und vollkommen.
Du bist die Hoffnung für alle Geschöpfe,
du bist der Höchste, der immer war, ist und sein wird.
Du bist die Liebe, die höchste Heiligkeit und Herrlichkeit.

Alle Zuwendungen, die ich aus deiner Hand erfahre,
treten vor dem zurück, was du selbst bist.
Mein Herz hast du, Herr, zu groß geschaffen,
als dass es Ruhe und Frieden in dem finden könnte,
was zwar von dir ist, was du aber nicht bist.

Wahre Ruhe und tiefer Friede werden mir nur zuteil,
wenn ich über alle Gaben und Geschöpfe hinaus
mich zu dir emporschwinge und mich in dir versenke.
Auf keinem schnelleren Weg gelangen mein Herz
und meine Seele in deine göttliche Ruhe und Liebe,
aus denen du alle und alles geschaffen hast.

DU KOMMST MIR ENTGEGEN

Ich wünsche mir Flügel, um zu dir zu fliegen,
um in dir und in deiner unendlichen Liebe zu ruhen.
Wann kommt die Zeit, in der ich von Bindungen
und der nach unten ziehenden Schwere befreit bin?
Wann werde ich frei von den störenden Gedanken,
die trennen wollen und das Eine nicht zulassen?

Herr, du siehst, wie sich Ungeduld einmischt
und fragend und trennend zwischen uns tritt.
Doch deine liebende Anziehung führt mich weiter.
Von Tag zu Tag sammle ich mich in dir und lerne,
im Gebet mein ganzes Wesen dir zu übereignen.
Auf dich hin mich zu vergessen, ist mein Wunsch.
Du kommst mir entgegen und nimmst mich an.

Vor dir zu seufzen und zu klagen befreit mich.
Viel Ungutes strömt ganz ungewollt auf mich ein.
Es beeindruckt mich stark, hält mich gefangen
und verwehrt mir im Gebet den Zugang zu dir.

Aber gerade dann rufe ich deinen Namen an
und suche den Weg zu dir in eine tiefere Ruhe,
wenn äußere Umstände mich beunruhigen.
In mein Seufzen und Klagen lege ich alles hinein,
was mich beeindruckt und so stark belastet,
dass mein Inneres nicht allein damit fertig wird.

Du, Herr, wirst alles von mir nehmen,
was mich auf dem Weg zu dir hindert.
Du erlaubst es mir, deine Nähe zu fühlen,
vor dir zu schweigen und Ruhe zu finden.
Im Wissen, dass mein Schweigen zu dir redet,
weiß ich mich angenommen und geliebt.

Du erfüllst alles mit deinem göttlichen Segen.
Du kommst dem Bittenden eilends entgegen
und wendest dich den Armen liebevoll zu.
Den Sterbenden bietest du deine Hilfe an,
allen, die sich im Schatten des Todes befinden.
Du führst die Geängstigten aus ihrer Angst
und befreist die Gefangenen aus ihrer Not.

Bist du, Herr, in unserer Mitte gegenwärtig,
werden unsere Tage lichtvoll und froh.
Du lädst uns ein, zu deinem Tisch zu kommen
und lässt uns reich werden durch deine Gaben.
Du lässt dein Angesicht über uns leuchten
und von dir geliebt zu werden macht uns frei.

Mögen auch andere suchen, was ihnen beliebt:
Ich kenne den Weg und nichts soll mich hindern,
ihn mit dir, Herr, zusammen weiterzugehen.
Du bist meine Hoffnung, mein Ziel und mein Heil.
Du bist der Höchste. Nichts kommt dir gleich.

Du befreist mich von aller dunklen Last,
die schwer auf meiner Seele liegt,
so dass ich deine Stimme in mir wieder hören
und deine liebende Gegenwart in mir spüren kann.
Du führst mich in ein geheiligtes Schweigen,
bewegst mein Inneres und erhellst meine Seele.
Du befähigst mich, mein Leben neu zu gestalten.

SCHWEIGEN

Du, Herr, hast die Sehnsucht in mir entfacht, dich zu suchen.
Du hast mir gezeigt, dass ich mich auf dem Weg zu dir
durch nichts und rein gar nichts aufhalten lassen soll.
In der betenden Wiederholung deines heiligen Namens
und der Bitte um dein Erbarmen liegt all mein Tun.
Ich lerne es mehr und mehr, mich selbst, meine Gedanken,
mein Reden und Wirken im Gebet zu dir aufzugeben
und mich in Hingabe ganz auf dich zu verlassen.

Meine Liebe zu dir hast du in meinem Herzen geweckt;
ich möchte alles tun, dass sie niemals mehr überschattet wird.
Im Übermaß deines Erbarmens wendest du dich mir zu,
gewährst mir Einsicht und lässt mich die Wahrheit erkennen,
die mein Leben in ein anderes und neues Licht getaucht hat.

Mir fehlen die Worte, die rechten Worte, dir zu danken.
Lass mich schweigen, denn meine Worte kennst du bereits.
In Dankbarkeit verneige ich mich vor dir, Herr,
und preise staunend das Wunder deiner Werke.
Du führst in der Weisheit des Vaters zum wahren Leben.
Dich lobe und preise meine Seele durch Schweigen,
dich lobe und preise die gesamte Schöpfung.

BITTE UM EINSICHT

Herr, öffne mein Herz für die verborgenen Gesetze,
die der gesamten Schöpfung zugrunde liegen.
Erhöre mein Gebet, selbst wenn ich schweige,
schenke mir Versöhnung und verlasse mich nicht,
wenn ich mich auch von dir weit entfernt habe.

Gib mir Einsicht in deinen göttlichen Plan,
damit ich Lebens- und Schicksalsabläufe erkenne,
um niemanden zurückzuweisen und ihm wehzutun.

Gib mir Zeit, um Zusammenhänge in Ruhe erwägen
und aus dieser Ruhe richtig handeln zu können.
Mein Dank jedoch wird hinter allem zurückbleiben,
was ich von dir empfange. Wenn ich zu dir aufschaue,
kann weder meine Wahrnehmung noch mein Geist
auch nur einen Bruchteil deiner Größe erfassen.

GABE UND AUFGABE

Jede seelische, geistige und materielle Gabe,
jede äußere und innere, jede natürliche und übernatürliche Gabe
stammt von dir und kündet von deiner Liebe und Freundlichkeit.
Warum der eine mehr und der andere weniger empfangen hat,
ist für mich nicht einsehbar und gehört zu den offenen Fragen.

Doch ohne dich hätten wir nicht einmal das Geringste,
und du lässt niemanden fallen, sondern sorgst für jeden.
Wer zeitweilig mehr erhielt, hat keinen Grund, sich zu erheben.
Er sollte umso demütiger und dankbarer werden und bleiben.
Der ist der Größte, so hast du mich gelehrt, Herr,
der vor dir so einfach und so klein sein kann wie ein Kind,
der keine Ansprüche stellt und seinen Geist leer machen kann.

Wem jedoch zeitweilig weniger zuteil wird,
sollte sich nicht dagegen aufbäumen oder betrübt sein.
Ich bin sicher, Herr, dass von dir über die Räume der Zeit
eine ausgleichende Gerechtigkeit ausgeht, die niemandem
mehr oder weniger zukommen lässt als ihm zusteht.

Doch du gibst und nimmst nicht nach Verdienst und Ansehen.
Du weißt, was wir brauchen und was uns zu unserem Heil führt.
Du weißt, warum der eine weniger, der andere mehr empfängt.
Ich will mich deiner weisen Vorsehung überlassen
und schweigend hinnehmen, was ich nicht ergründen kann.

Herr, ich besitze nichts, was vor den Menschen glänzt
und den Besitzer in der Welt «groß und herrlich» macht.
Wenn ich auch manchmal ein wenig traurig darüber bin,
so spüre ich doch eine größere geistige Beweglichkeit,
die es mir leichter macht, von dir angezogen zu werden.
Sind nicht die Apostel, die Heiligen und all diejenigen,
die dir nachfolgen, Zeugen gerade dieser Wahrheit?
Ihre Gesinnung ließ sie die Tiefe deiner Gnade erfahren,
und so empfingen sie das, wovor die Welt zurückschreckt.

Wer dich, Herr, liebt und dein unendliches Gutsein kennt,
den wird es erfreuen, wenn dein Wille an ihm geschieht
und durch ihn deine Liebe in die Welt getragen wird.
Sein Glück ist unvergleichbar, und ihm macht es nichts aus,
zuunterst zu stehen und der Kleinste zu sein.
Er fühlt sich auf dem letzten Platz ebenso gelassen
und zufrieden wie auf einem der ersten Plätze.

Ihm bedeutet es nichts, ohne Ruf und Namen dazustehen.
Deinen Willen zu erfüllen und deinen Namen zu verherrlichen,
geht ihm über alles und ist sein höchstes Gut.
Bist du, Herr, ihm nahe und erfüllst ihn mit deiner Gnade,
besitzt er das größte Geschenk, das die Welt nicht geben kann.

DU VERMAGST ALLES

Herr, mit wenig Worten hast du mir Entscheidendes gesagt
und mir einen Weg aufgezeigt, der zur Vollendung führt.
Deine Worte sind voll immerwährender Weisheit und –
wenn du mir zur Seite stehst – leicht in die Tat umzusetzen.
Schenke mir immer neu diese Erkenntnis und Einsicht;
schenke mir aber vor allem Durchhaltevermögen,
den Weg des Ruhegebetes täglich zweimal zu gehen.

Ich habe bereits wiederholt die Erfahrung gemacht:
Wenn ich das Beten auch nur einen Tag versäumt habe,
fehlt mir etwas Wesentliches und es geht mir schlechter.
Ich gerate leicht in Verwirrung und fühle mich beunruhigt.

Du aber, Herr, vermagst alles. Du hast große Freude daran,
wenn sich ein Mensch zu dir erhebt und sich täglich bessert.
Du unterstützt und beschleunigst den Fortschritt meiner Seele.
Vermehre die Gnade, dass ich dein Wort dir gemäß ausführe,
und leite mich an, das Gebet der Hingabe niemals zu vergessen.

DEIN LICHT UND DEINE WAHRHEIT

Herr, erleuchte mich mit der Klarheit des inneren Lichtes
und vertreibe alle Schatten aus meinem Herzen.
Führe du mich von den vielen ausschweifenden Gedanken
zu der Anrufung und Verherrlichung deines Namens zurück.
Befreie mich von Versuchungen, die mich gewaltsam bestürmen.

Öffne verschlossene Fenster und Türen in meinem Inneren,
so dass das überhelle Licht deiner Gnade die Seele erleuchtet.
Aus deiner Kraft möge in mir Frieden geboren werden,
und im Raum meines Inneren soll dein Lob widerhallen.

Sende, Herr, dein Licht, denn ich bin wie ein finsteres Land.
In deinem Licht wird der Grund meiner Seele einsehbar,
und ich erkenne in mir deine alles überstrahlende Gegenwart.
Du wirst nicht nur mein Inneres erneuern und lichtvoll gestalten,
sondern auch die Seelen der Menschen und das Antlitz der Erde.

Richte mein Herz, das oft niedergedrückt ist, wieder auf.
Befreie es von Verschattungen und gib ihm einen Widerwillen
gegen alles, was es verschattet, dunkel macht und einengt.
Möge mein Herz sich nicht an Vergängliches hängen,
denn nichts Geschaffenes vermag wie du, o Herr,
den Hunger zu stillen und zur Quelle ewigen Lebens zu werden.

Sende Licht und Wahrheit in mein Herz und in die Welt.
Deine Liebe, das unlösbare ewige Band, das du zu mir
und zu allen geknüpft hast, möge das Angesicht der Erde erneuern.

Herr, führe mich den Weg zur Vollkommenheit
und gib mir Sicherheit, dass du mich nicht verlässt.
Sei mir nahe und lass mich deine Gegenwart spüren.
So werde ich in der mich umgebenden Dunkelheit
und inmitten vieler Sorgen unbesorgt sein dürfen.

Du, Herr, bist zugegen und machst mein Herz frei.
Bewahre mich vor Sünde und allem Unguten,
wenn es mich erneut in seinen Bann ziehen will.
Daher bitte ich dich noch einmal und täglich neu:
Bewahre mich davor, dass mich Sorgen erdrücken.

Schenke mir die Gnade, in Freiheit zu entscheiden,
anstatt mich durch Fremdmacht bestimmen zu lassen.
Zeige mir Wege, meine Begierden zu kultivieren,
um diese Kräfte zum Wohl anderer einzusetzen.
Befreie mich von aller einengenden Last der Seele,
so dass sie sich entfalten und zu dir erheben kann.

Bewahre mich, Herr, vor körperlichen Schmerzen
und vor seelischem Leid, damit ich nicht zerbreche.
Nimm alles von mir, was dem Gebet im Wege steht
und hindert, geistliche Fortschritte zu machen.
Schenke mir die Gnade, dir näher zu kommen
und mehr und mehr an innerer Freiheit zu gewinnen.

SCHENKE MIR EINSICHT

Herr, ich finde kaum Worte, um dir zu danken
und dich zu loben. Doch du kennst mein Herz.
Und die Absicht, die ich hege, ist dir vertraut.
Nicht noch mehr Leistung möchtest du von mir,
sondern dass ich im Gebet die Hingabe übe.

Ich bin auf diesem von dir gewiesenen Weg,
den zu gehen du mich in Geduld täglich neu lehrst.
Ich habe übergroße Freude daran, dir zu folgen,
und finde durch die Hingabe geistige Erfüllung.

Und doch treten in mir wieder Gegenkräfte auf,
die trennen wollen und mich zweifeln lassen.
Obwohl ich um ihre verdunkelnde Macht weiß,
lasse ich sie zu und verbünde mich oft mit ihnen.

Hilf mir daher, richtig mit meinen sexuellen Kräften
und der vergänglich flüchtigen Lust umzugehen.
Nimm alle Selbstgefälligkeit und Eitelkeit von mir
und befreie mich vom besserwisserischen Reden.

Lass mich Wesentliches vom Unwesentlichen trennen.
Mach mich stark, um zu widerstehen und zu ertragen.
Schenke mir Ausdauer, Begonnenes zu Ende zu führen.
Deiner Liebe soll nichts vorgezogen sein.
Erfülle mich täglich mit der Kraft deines Geistes
und entzünde in mir und in allen das Feuer deiner Liebe.

Oft vernachlässige ich aus Einseitigkeit und Übereifer
das zum täglichen Leben Notwendige:
das Essen, das Trinken, den Schlaf und die Kleidung,
meinen Beruf, die Aufgaben in meiner Familie,
sogar, was mir anvertraute Menschen bedürfen.
Was mir lästig wird, beginne ich zu vernachlässigen.

Führe mich auf einen ausgewogenen Weg zurück,
damit ich nicht einseitig werde oder gar noch fanatisch.
Lass mich alles Notwendige gern tun und erkennen,
dass ich nur in der Vielgestaltigkeit des Lebens
meinen Weg mit dir segensreich fortsetzen kann.

Deine göttliche Hand möge mich leiten und lehren,
das rechte Maß einzuhalten, nichts zu vernachlässigen
und vor allem, im Übereifer nichts zu übertreiben.
Aus ganzem Herzen bitte ich dich, Herr:
Lass mich erkennen, dass mein Weg mit dir
endlich zu deinem Weg mit mir werden muss.

HIMMLISCHE WEISHEIT

Ich verneige mich und bitte um deinen Heiligen Geist,
dass ich in meinem Inneren an Lebenskraft zunehme
und von deiner Gnade durchdrungen und erfüllt werde.
Nimm alles, was mich auf dem Weg zu dir hindert.
Jede nutzlose Sorge möge mein Herz verlassen.
Befreie es von allem Ballast und mache es weit,
um dich und deine unendliche Güte zu fassen.

Gib mir einen klaren Blick für die Wirklichkeit.
Ich sehe sie noch zu sehr mit menschlichen Augen
und lasse mich von der Sünde leicht in Besitz nehmen.
Alles und alle sind in fortwährender Bewegung,
Doch das Bleibende ist geheimnisvoll in dir verborgen.
Erleuchte meine Seele mit dem Geheimnis deiner Liebe.

Herr, schenke mir deine Weisheit, die mir einleuchtet
und die mich lehrt, dich zu suchen und dich zu finden.
Lass mich sensibel werden für deine Gegenwart
und gib mir Kraft, dich mit der Liebe zu lieben,
mit der du mich seit Anbeginn geliebt hast und liebst.

Gewähre mir Einblick in größere Zusammenhänge
der Schöpfung und der menschlichen Schicksale,
so dass ich durch deine göttliche Weisheit, Herr,
wahre Werte von unwahren unterscheiden kann.
Schenke mir Einsicht in menschliches Verhalten.
Ich möchte gerecht sein und allen richtig begegnen.

Eines, Herr, ist mir zur Gewissheit geworden:
Nur mit deiner himmlischen Weisheit im Herzen
vermag ich auf meinem Lebensweg sicher zu stehen
und – bewegt von deiner Liebe – voranzuschreiten.

Ich rufe im Gebet wiederholt deinen Namen an.
Wenn ich auch vielem nicht entrinnen kann,
so bist du, Herr, meine immerwährende Hilfe.
Du stehst mir bei und wendest alles zum Guten.

Herr, ich fühle mich in Not und bedrängt.
Mir ist, als läge eine schwere Last auf mir.
Sie drückt auf die Mitte meines Leibes
und lässt mich zeitweilig schwer atmen.
Furcht vor Ungewissem schnürt mich ein,
und ich weiß nicht, was ich mehr sagen soll.

Ich rufe wieder und wieder deinen Namen an
und überlasse im Gebet der Hingabe alles dir.
Meine Not, aus der ich zu dir rufe, ist groß.
Ohne deine Hilfe kann ich sie nicht überwinden.
Was sollte ich tun, wohin gehen ohne dich?
Schenke mir auch dieses Mal Geduld und Kraft,
ruhig zu bleiben und alles bejahend anzunehmen,
damit du, Herr, Dunkles in mir in Licht wandelst.

Herr, ich wende mich im Gebet an dich und bitte:
Lass doch, wie früher, deinen Wille an mir geschehen.
Wenn ich auch aufgebracht bin und es in mir tobt,
wenn ich es kaum vor Spannung auszuhalten vermag:
Ich rufe immer wieder deinen heiligen Namen an
und stelle mich erlösungsbedürftig unter dein Kreuz.

Ich möchte, darum bitte ich dich, Herr, aushalten
und mich in deine unendliche Liebe versenken,
damit du mich heilen und mit Liebe erfüllen kannst.

Du wirst dem Sturm gebieten und Stille tritt ein.
Deine allmächtige und gütige Hand vermag alles.
Herr, ziehe mich zu dir, richte mich wieder auf
und lass mich nicht länger niedergeschlagen sein.

Alles Leid hast du, Herr, bisher von mir genommen.
Ich vertraue auf deine Barmherzigkeit und bitte dich:
Schenke mir die Gnade des Gebetes und befreie mich
von Dunkelheit und halte die Sünde von mir fern.

IN DEINE HÄNDE

Ich bedarf noch größerer Gnade, um dahin zu gelangen,
dass niemand und nichts auf dem Weg zum Hindernis wird.
Solange mich noch irgendjemand oder etwas zurückhält,
vermag ich es nicht, mich aufrecht und frei zu erheben.
Gibt es etwas Größeres und Ruhigeres, als in dir zu ruhen?
Und ist nicht der über alle Maßen ungebunden und frei,
dessen Herz vom Vergänglichen nichts mehr verlangt?

Herr, ich habe zwar deine Worte gehört und verstanden,
doch bis zur Verwirklichung braucht es noch Zeit:
«Überschreite innerlich die geschöpfliche Welt
und verlasse dabei dich selbst, dein Denken und Tun.
Um nicht abzugleiten durch deine vielen Gedanken,
richte dich immer wieder erneut auf mich aus,
indem du ohne viel Worte meinen Namen anrufst
oder eine Bitte um Erbarmen oftmals wiederholst.
In diesem Gebet werde ich dich zu mir ziehen.»

Der Weg, von dem du sprichst, ist einfach und leicht.
Doch immer wieder will ich im Gebet der Hingabe
Eigenes tun und um etwas ganz Bestimmtes bitten.
Befreie mich, lass mich von deiner Liebe angezogen sein.
Es fällt mir immer noch schwer, weil ich viel denke,
wirklich loszulassen, dir zu vertrauen und alles
vertrauend in deine liebenden Hände zu legen.

WEISHEIT
GESCHENK DES HIMMELS

Je mehr ich es lerne, innerlich loszulassen,
umso eher wirst du mir deine Gnade schenken,
die meine Seele erhebt und hinausführt ins Weite.
Meine Worte allein haben wenig Gewicht,
wenn die Erfahrung im Glauben noch fehlt.
Da Worte, ohne von dir beseelt, nichtig sind,
wage ich nicht, mit anderen von dir zu reden.
Oft zieht mich die Erdenschwere nach unten,
weil mich ein Thema so stark berührt,
dass ich es auch im Gebet nicht loslassen kann.

Wie groß, Herr, ist der Unterschied zwischen
einem von der Weisheit erleuchteten Menschen –
jemandem, dem du Gotteserfahrung schenkst –
und einem geistlich belesenen Menschen!
Dieser hat sein Wissen in Geistesarbeit erworben,
doch den ganzen Menschen seelisch erfüllend
ist die Weisheit, die ein Geschenk des Himmels ist.
Viele Menschen sehnen sich zwar geistig danach,
doch das Gebet und die Hingabe kennen sie nicht,
um durch sie die Gaben des Geistes zu empfangen.

Gefährlich ist es, in Äußerlichkeiten zu verhaften
und sich von ihnen gefangen nehmen zu lassen.
Damit ist der gradlinige Weg in die Tiefe versperrt,
der oft erst gangbar wird durch leidvolle Erfahrung.
Obgleich sie sich «Geistliche» nennen, bleibt vielen,
da sie vergänglichen Dingen den Vorrang geben,
der Weg zu einem geistlichen Leben verschlossen.

Herr, ich möchte für alle die Menschen beten,
deren Leben veräußerlicht und sinnentleert ist,
die nicht beten und keine Hingabe üben,
die weder wissen, was innere Sammlung
noch Versenkung in deine Liebe bedeutet.

WIE GEBRECHLICH UND SCHWACH
IST MEIN WESEN

Herr, bewahre mich dringend davor,
Schlechtes über andere zu reden.
Oft meine ich, es besser zu wissen
und laufe Gefahr, mich über sie zu erheben.

Vordergründiges führt häufig bei mir dazu,
dass ich meine Gebetszeiten nicht einhalte,
sie verkürze und mir eine Ausrede einrede.
Ich wende mich nichtssagenden Dingen zu
und habe letztlich damit die Zeit vertan,
die ich dir, Herr, zurückschenken wollte.

Es gibt eine Menge unreiner Neigungen,
die sich mir immer wieder aufdrängen
und den Weg verstellen und verschatten,
den du, Herr, mir so liebevoll gewiesen hast.

Wie ich von diesen Kräften beherrscht werde
und wie sie mein Denken und Tun bestimmen,
wird mir oft zu spät und schmerzlich bewusst.
Wie gebrechlich und schwach ist mein Wesen!

Herr, wenn dein Wesen in mir anwesend ist –
danach allein sehnt sich meine Seele –,
durchströmst du mich mit göttlicher Kraft
und Liebe bestimmt mein Denken und Tun.

ÄUSSERLICHKEITEN

Viele Menschen beurteilen andere nach ihrer Leistung.
Es wird danach gefragt, was und wie jemand etwas tut,
aber nicht, aus welchem Geist er handelt.
Darüber reden viele und machen sich Gedanken:
ob jemand dick oder dünn ist, reich, schön, vornehm,
woher und aus welchem Elternhaus er kommt,
ob er ein Schriftsteller, Sänger oder Künstler ist.
Man interessiert sich für das Privatleben anderer
und möchte ihnen gern etwas Schlechtes anhängen.

Was jedoch ein Mensch durchgemacht hat,
aus welchen Einstellungen heraus er lebt,
welche Erfahrungen er gemacht hat –
danach wird nicht oder höchst selten gefragt.

Das Äußere fällt zunächst ins Auge,
und die meisten bleiben hier stehen.
Den inneren Wert zu entdecken,
ist vielen Menschen einfach zu mühsam.
Sie haben wahrscheinlich Angst,
beim Tiefer-Schauen eigene Schwächen zu sehen.

Wie töricht, Äußeres so wichtig zu nehmen
und sich selbst dabei zu täuschen.
Herr, deine Gnade richtet ihr Augenmerk
allein auf das Innere eines jeden Menschen.

Mein Gott und mein alles!»
Was will ich mehr?
Kann ich mir Größeres wünschen?

Dieses Wort ist zu meinem Gebet geworden:
«Mein Gott und mein alles!» –
so wie es auch der heilige Franziskus betete.

Wo ich auch bin, ich lege alles in dieses Wort.
Herr, aus Liebe zu dir wiederhole ich das Gebet.
Der Verstand durchdringt es denkend,
dann sucht er nach neuen Inhalten.

Mein Herz dagegen nimmt das Wort freudig auf,
verweilt lange bei ihm und will es nicht missen.
Mein Herz spürt, Herr, ob du zugegen bist.
Wenn nicht, rufe ich mit diesem Wort nach dir.

Du schenkst mir tiefe Ruhe und großen Frieden.
Mein Auge machst du hell und ich sehe das Gute,
das wiederum auf deine Allgegenwart hinweist.
Ohne dich, Herr, verblasst jegliche Freude.
Wenn jedoch deine Gnade mich begleitet,
erstrahlt die Welt in hellstem Licht deiner Liebe.

Wer an dir, Herr, Geschmack findet, wird erhalten,
was deine göttliche Vorsehung für ihn bereithält.
Wer jedoch deine Weisheit noch nicht verkosten darf,
dem fehlt Entscheidendes in diesem und jenem Leben
und Angst vor dem irdischen Tod kann sich ausbreiten.
Einzig durch Lust an den Sinnen Geschmack zu finden,
trägt nicht weiter und ist zudem nur von kurzer Dauer.

Bei menschlicher Reifung darf es keinen Stillstand geben.
Geistlicher Fortschritt bringt Sicherheit und Erfüllung.
Die Bewegung auf den unbewegten Beweger vollzieht sich
von Klarheit zu Klarheit, von Ich-Befangenheit zur Freiheit,
von Dunkelheit ins Licht, vom Unwissen in die Weisheit.

Herr, du lässt mich in der Dunkelheit das Licht schauen,
denn ich sehe nicht mehr den Schatten in Geschöpfen,
sondern das Gute – selbst wenn es noch so verborgen ist.
Mit der gesamten Schöpfung will ich dich loben und preisen.

Von dir geht alles Leben und jede wahre Begegnung aus.
Du baust mir die Brücke vom Schöpfer zum Geschöpf,
vom unerschaffenen Licht zum erschaffenen Licht,
das in der Farbenpracht der Welt sich widerspiegelt.
Deine entgegenkommende Liebe setzt eines voraus:
dass ich – auf dich vertrauend – aus mir herausgehe
und meine Füße auf die von dir erbaute Brücke setze.

Du, Herr, bist Licht vom Licht, das ewige Licht,
das alles erleuchtet und das erschaffene Licht überstrahlt.
Sende einen Strahl des ewigen Lichtes in mein Herz
und entflamme es mit deiner alles umfassenden Liebe.

Läutere und belebe meinen Geist und all seine Kräfte,
so dass meine Seele sich befreit zu dir aufrichten kann.
Lass mich dahin wachsen, dass du mir alles in allem bist.
Ohne diese Gabe fehlt mir das Wesentliche im Leben:
Tiefe der Ruhe, Fülle der Freude und Reichtum an Liebe.
Aber noch west und lebt in mir der «alte Mensch»,
der sich wider deinen göttlichen Geist empört
und meine Seele nicht zur Ruhe kommen lässt.

Zerstreue, Herr, die widergöttlichen Kräfte in mir.
Sie versammeln sich unbemerkt in meinem Inneren
und beraten, wie sie Verwirrung und Unheil stiften.
Wirf sie zu Boden und vernichte ihre bösen Pläne.
Lass deine Größe aufleuchten und erhelle alles,
was im Dunkel auf dein göttliches Licht wartet.

Du, Herr, bist als wahres Licht in die Welt gekommen,
um jeden Menschen zu erleuchten und zu entflammen.
Möge die Finsternis in mir dem Licht weichen
und meine Seele dich als ewiges Licht wiedererkennen.

Ich weiß, Herr –
du hast es mir immer wieder zu verstehen gegeben –,
dass ich durch mein Denken und Sorgen nicht viel ausrichten
kann.

Meine Kraft finde ich in dir,
wenn ich dir all meine Anliegen anheimstelle.
Ich bin auf dem Weg, den du mir seit Langem gewiesen hast.

Doch quält mich noch eines:
Mir fällt es schwer, in der Gegenwart anwesend zu sein
und mich im aufopfernden Gebet der Hingabe dir zu
überlassen.

Ich bitte dich inständig, Herr,
ziehe meinen Geist, der plant und Ausschau hält,
von allem zurück, was nicht du bist, und erfülle mich mit deiner
Gnade.

III. TEIL

MEIN LEBEN ERHÄLT SINN

ERLEUCHTUNG

Liebes-Feuer:
Du leuchtende Flamme
die alles
erhellt

Aus meiner Lebenserfahrung darf ich sagen:
Allein, Herr, vermag ich wenig oder gar nichts.
Ich bin auf dich und den Strom deiner Liebe,
den du mir eröffnest, angewiesen,
denn von dorther erhalte ich meine Lebenskraft.

Bist du nicht bei mir, laufe ich Gefahr,
abzugleiten und nichtigen Dingen nachzujagen.
Werde ich von dir weder gestützt noch geformt,
bin ich haltlos und fühle mich ohnmächtig.

Herr, ich finde keine Gedanken und Worte,
die das ausdrücken, was du in Wahrheit bist.
Worte, die ich an dich richte, sind Fragment.
Du bist stets derselbe und bleibst es auf immer.
Du ordnest alles mit deiner göttlichen Weisheit,
ohne dich jedoch hat gar nichts Bestand.

Ich ändere schnell meine Haltung und Meinung.
Ungeduld ist mir eigen und wenig Beständigkeit.
Reichst du mir die Hand, erhält mein Leben Sinn.
Du stärkst mich, damit ich das Leben bestehe,
wo es auseinanderbricht und zu versinken droht.

Du festigst meinen Blick und verleihst mir Bestand,
so dass ich nicht länger unruhig und suchend schaue.
Ist mein Herz bei dir, tritt die ersehnte Ruhe ein,
die Geist und Seele erfüllt, das Leben tragfähig macht
und auf die ich mein Sein gründen und aufbauen kann.

Begegnungen mit Menschen finden nur Sinn und Erfüllung,
wenn ich gestärkt aus der Stille meines Gebetes komme.
Menschliches Zusammensein bleibt für mich nichtssagend,
bist du nicht anwesend und spürbar. Ich danke dir, Herr,
für die Erkenntnis und Gnade, die du mir zukommen lässt.

Ich danke dir, Herr, für alles Gute, das von dir ausgeht.
Du gehst behutsam mit mir um und bist liebevoll besorgt.
Was wäre ich ohne dich? Heimatlos, unstet und schwach.
Eine Sehnsucht nach Ansehen ist in meinem Inneren.
Diese zielt nicht auf Ehre, die mir andere erweisen,
sondern einzig auf ein Angeschautwerden von dir.

Das Streben nach Ansehen und Ruhm in der Welt
kann zu einer ansteckenden Krankheit ausarten –
und viele Menschen merken es nicht einmal.

Ich befand mich auf diesem abschüssigen Weg,
doch du, Herr, hast mich liebevoll zurückgerufen.
Obgleich ich mich weit von dir entfernt hatte,
hast du mich erreicht und mir deine Liebe geschenkt.
Indem ich mir selbst gefiel und ständig versuchte,
anderen zu gefallen, verlor ich dich aus dem Herzen.
Und trotz aller Abkehr von dir erging dein Ruf an mich.

Du, Herr, hast mich zutiefst erfahren lassen,
worin Ruhm, Ansehen und Freude bestehen.

Wahrer Ruhm:
Nicht mehr ich verherrliche mich selbst,
sondern gebe dir in allem die Ehre.

Wirkliches Ansehen:
In der Welt in gutem Ansehen zu stehen,
ist von kurzer Dauer und nicht tiefgreifend.
Wenn du dich jedoch zu mir wendest, Herr,
mich anschaust und mir Ansehen verleihst,
bedeutet dies für mich das höchste Glück.

Heilige Freude:
Habe ich Gutes und Lohnendes erreicht,
entsteht in mir eine große und wahre Freude.
Heilige Freude jedoch bereitest du mir,
wenn ich im Gebet deinen Namen anrufe,
mich dir, Herr, ganz hingebe und du mir
entgegenkommst und neues Leben schenkst.

Dein Werk, Herr, soll gepriesen werden,
dein Name sei gelobt, jetzt und in Ewigkeit.
Jede gute Gabe und alles Leben kommt von dir.
Möge der Strom deiner Liebe in mir fließen
und nicht durch Egoismus ins Stocken geraten.
Du bist meine Freude – den ganzen Tag und immer.

Flüchtig ist vieles, von dem wir glauben, es hätte Bestand.
Wesentliches und Bleibendes kann nicht geleistet werden –
du, Herr, bist es, der es uns schenkt und anvertraut.
Wie viel Torheit begehen wir, wenn wir glauben,
alles selbst in die Hand nehmen und leisten zu können.

Zeitliche Ehre, Ruhm und alle Hoheit der Welt
bedeuten im Hinblick auf dich, Herr, rein gar nichts.
Nach kurzer Dauer welken und schwinden sie dahin,
denn in deiner Herrlichkeit haben sie keinen Bestand.
Du bist mehr als ich je fassen kann und je fassen werde:
du, die Wahrheit, die Weisheit und das ewige Leben.

Erbarmen und göttliche Güte gehen von dir aus,
und du weist niemanden zurück, der sich aufmacht zu dir.
Du bist die Liebe, die keinen Anfang und kein Ende kennt.
Ich sage dir Dank – Im Namen des Vaters und des Sohnes
und des Heiligen Geistes. Amen.

DURCH HINGABE ZUM INNEREN FRIEDEN

Ja, Herr, blind bin ich noch vielem gegenüber;
ich lasse mich durch Äußerlichkeiten blenden
und beginne unter meinen falschen Wegen zu leiden,
wenn die Dinge nicht nach meinen Vorstellungen sind.
Im Vergleich zu dem, was ich dir alles angetan habe,
ist das, was andere mir angetan haben, gering.

Oft habe ich dich beleidigt und hätte es verdient,
dass sich deine Geschöpfe gegen mich auflehnen.
Sollte mir erneut Herabsetzung widerfahren,
müsste ich sie geduldig hinnehmen und ertragen.
Ich spüre das Geheimnis von Tod und Auferstehung.
Doch sträube ich mich gegen das Loslassen und Sterben,
obwohl du es bist, der mich wieder aufstehen lässt.

Du lehrst mich den Weg, allein durch Hingabe
zum inneren und dauerhaften Frieden zu kommen,
Standfestigkeit und Durchsetzungskraft zu erreichen,
tiefe, in Gott gegründete Ruhe zu erfahren,
und von allen Hindernissen befreit zu werden.
Du schenkst mir Einsicht und geistige Erleuchtung,
du ordnest meine Lebenskräfte und alles erhält Sinn.
Gib mir die Kraft, auf diesem Weg weiterzugehen,
um am Ende der Wanderschaft dir zu begegnen
und einmal für immer eins werden zu dürfen mit dir.

Herr, wie wenig von dem, was du mich lehrst,
habe ich begriffen und in die Tat umgesetzt!
Wir regen uns sogar maßlos auf,
wenn wir etwas Unwesentliches verlieren.
Und um eines unbedeutenden Vorteils willen
investieren wir Kraft, die wir besser einsetzen können.
Geistlichen Schaden bemerken wir vorerst kaum
oder verdrängen ihn, um nicht daran erinnert zu werden.

Auf vieles Sinnlose richte ich mein Augenmerk.
Nutzloses, ohne es zu durchschauen, nehme ich auf,
das sowohl mir als auch anderen großen Schaden zufügt.
Ich ziehe oft unbewusst Menschen und Dinge an mich,
die mich bei näherer Betrachtung nach unten ziehen.

Ich vergeude oft meine Zeit mit nichtigen Inhalten,
doch dich, meinen Herrn und Gott, vernachlässige ich.
Nach all dem, Herr, was du mir zu verstehen gibst,
habe ich nur noch den einen und starken Wunsch,
umzukehren und mich mehr nach innen zu wenden.
Darf ich um deine Hilfe bitten, damit es gelingt?

DEINE SEGNENDE HAND

Herr, sei mir barmherzig und hilf mir auch da weiter,
wo menschliche Hilfe versagt und Leere sich breitmacht.
Ich finde da keine Treue, wo ich sie zuversichtlich erwarte.
Wenn ich allein auf Menschen baue, werde ich enttäuscht.

Du, Herr, bist treu und erweist allen deine Barmherzigkeit.
Ich will deinen Namen preisen in allem, was mir begegnet.
In dir hat alles Bestand. Auf dich allein verlasse ich mich.
Sei du mein Halt und mein Heil, denn ich bin schwach
und lasse mich beeinflussen und ändere oft meine Meinung.

Wie schwer ist es, umsichtig und behutsam zu sein,
keiner Täuschung zu erliegen, Aufregungen zu meiden
und nicht unerwartet in eine Verlegenheit zu geraten.
Wer auf dich vertraut und dich mit seinem Herzen sucht,
wird niemals fallen, weil du sein Halt und seine Stütze bist.

Ich durfte es erfahren und danke dir von ganzem Herzen:
Als ich mich verstrickt hatte und in Bedrängnis und Not war,
hast du deine schützende Hand über mir ausgebreitet und
mich von all den Wirren, die mich umgaben, befreit.

Wer auf dich, Herr, vertraut und um dein Erbarmen bittet,
darf sicher sein, dass du dich ihm liebevoll zuwendest.
Menschliche Liebe allein kann nicht alle Lebenslast tragen.
Daher bedürfen wir deiner Zuwendung und ständigen Hilfe.
Du stehst immer zu uns und zeigst uns auch da deine Treue,
wo wir gesündigt und uns von dir weit entfernt haben.

IN CHRISTUS VERWURZELT

Ich erinnere mich an ein geistliches Wort der heiligen Agatha:
«Mein Geist ist fest gegründet in Christus und in ihm verwurzelt.»
Wenn ich das von mir sagen könnte, würde nichts mich
    erschüttern,
nichts mich ängstigen und keine spitze Bemerkung verunsichern.
Ich möchte versuchen, mit dir, Herr, mein Leben anzugehen.
Wenn es jedoch eng und kritisch wird, überfallen mich Ängste
und ich bin gefährdet und versucht, in alte Fehler zurückzufallen.

Herr, ich fühle mich noch nicht stark und wissend genug,
um künftige Spannungen einzusehen und Übeln vorzubeugen.
Da mich allzu leicht schon dunkle Ahnungen niederdrücken,
treffen mich unerwartete schwere Ereignisse umso stärker.

Warum habe ich mich nicht in Acht genommen und vorgesehen?
Warum habe ich anderen Menschen so leichtgläubig vertraut?
Du bist die Wahrheit, die nicht trügen und betrogen werden
    kann.
Dir glaube ich, und ich möchte mich dir ganz anvertrauen.

Warum sind wir Menschen nur so schwach und unbeständig?
Vor allem in Worten bin ich, Herr, noch überaus wankelmütig.
Lass mich nicht alles sofort glauben, was glaubwürdig klingt.
Sei gegenwärtig und schenke mir ein gesundes Selbstbewusstsein.

Weise hast du gewarnt, mich vor manchen Menschen zu hüten.
Und ich habe alles geglaubt und getan, was sie zu mir sagten.
Schütze mich, Herr, vor nichtssagendem, leerem Geschwätz.
Lege mir ein wahres und zuverlässiges Wort in den Mund,
ein Wort, auf das ich bauen und mich verlassen kann.
Was mir bei anderen missfällt, davor will ich mich hüten.

Auf dein Wort hin, Herr, nehme ich mir fest vor:
über andere nicht zu reden, sondern zu schweigen,
nicht vorbehaltlos alles zu glauben, was sie sagen,
und das Gehörte nicht leichtsinnig weiterzutragen,
mich nur ganz wenigen Menschen anzuvertrauen,
deine liebende Gegenwart in alles mit einzubeziehen,
eine Meinung zu haben, ohne mich umstimmen zu lassen,
erst dann zu antworten, wenn ich deinen Willen erfahre.

Zum Erlangen und Bewahren deiner Gnade hilft es mir,
Oberflächlichkeiten und Belangloses zu meiden,
kein Lob und keine äußere Anerkennung mehr zu suchen,
sondern mich da einzusetzen, wo Leben Hilfe gebraucht.

Vielen hat es geschadet – manche sind daran zerbrochen –,
dass ihre Begabung in der Öffentlichkeit hochgespielt wurde.
Lehre du mich, bescheiden zu sein und den Schatz der Gnade,
den du mir schenkst, so lange wie möglich geheim zu halten.
Unser Leben ist unvollkommen, anfechtbar und gebrechlich.
Hilf mir, trotz Widerwärtigkeiten mein Leben zu bestehen.

Herr, mein Gott, ich wende mich dir zu und bitte um Hilfe.
Du kennst die Menschen und das, was sie im Sinn haben:
Gutes und Schlechtes ist dir bei niemandem verborgen.
Sei du die Kraft meines Lebens und schenke mir Zuversicht.
Mein Gewissen und mein Bewusstsein sind begrenzt,
und allein auf sie kann ich mich nicht verlassen.

Du siehst, was ich übersehe; du hörst, was ich überhöre.
Deshalb kann ich nur mit dir alle Widrigkeiten überwinden.
Ohne dich fliehe ich vor ihnen, doch zusammen mit dir
verstehe ich, was sie mir sagen und welches Gut sie enthalten.

Verzeih mir, wenn ich mich häufig oberflächlich verhalte
und ständig allen Problemen aus dem Weg gehe.
Schenke mir Durchhaltevermögen und Geduld.
Was kann es Größeres geben als im Gebet der Hingabe
deine Barmherzigkeit anzurufen und alles dir zu überlassen?

Du vergibst mir und befreist mich von allem Übel.
Ich danke für diesen Gebetsweg, der ohne Worte zu dir führt.
Dein Erbarmen würde mich nicht erreichen und nicht erfüllen,
wenn ich bei mir selbst stehen bliebe und mich rechtfertigte,
um vor anderen und der Welt gut und glänzend dazustehen.
Ohne dein Erbarmen, Herr, könnte ich nicht vor dir bestehen.

EWIGES LEBEN IN DER NACHT
DIESER ZEIT

Herr, du hast mir das Ziel meines Lebens
vor Augen geführt, die himmlische Heimat,
den lichthellen Tag der Ewigkeit,
den ewigen Tag der Seligkeit,
den keine Nacht mehr verdunkelt.
Die höchste Wahrheit durchstrahlt ihn
wie das Licht der Sonne.
Es ist der Tag immerwährender Liebe.

Ich danke dir, Her, du mein König,
dass du die Sonne dieses wunderbaren Tages
nicht vor mir verborgen hast,
sondern in mir aufgehen lässt.
Wenn auch die Strahlkraft deiner Liebe
oft überschattet und verdunkelt wird,
so spüre ich doch in meiner Seele
das strahlende Licht des Sonnenaufgangs.
Dafür sei dir, Herr, Dank –
jetzt und in alle Ewigkeit. Amen.

Diejenigen, die diese Welt zurückgelassen haben,
wissen um den Tag der Ewigkeit, der Freudentag heißt.
In dieser Welt jedoch leben wir noch suchend als Fremde.
Um nach Hause zurückzufinden, hast du uns den Weg gezeigt.
Doch wir müssen ihn freilegen, um zu dir voranschreiten zu
    können.
Wenn wir versuchen, gute Vorsätze zu verwirklichen und in
    Hingabe
alte Eindrücke abzugeben, seufzen wir oftmals, um uns Luft
    zu machen.
Erlaube mir, Herr, mich unter dein Kreuz zu stellen und vor dir
    zu seufzen.

Ich sehe viel Schmerz und Not in der Welt.
Starke Neugier lenkt mich vom Wesentlichen ab.
Sorgen überfallen mich und nehmen mich gefangen.
Versuchungen schleichen sich ein und belasten mich sehr.
Mein ungutes Verhalten erweckt in mir Gefühle der Schuld.
Oft lähmt mich meine Angst und mein Beten bleibt schal
    und leer.
Ein Verlangen sexueller Betätigung drängt und quält mich
    sehr häufig.
Übermäßiger Konsum zerrt an meinen Nerven und nimmt mir
    die Kraft.
Auch bin ich von vieler Arbeit erschöpft und vergesse mit dir
    zu sprechen.

Ich bin in ungute Beziehungen verwickelt und komme nicht aus ihnen heraus.

Es kommen viele Wünsche zum Vorschein, deren Erfüllung dich beleidigen würde.

Wann kommt die Zeit, in der die schlechten Gewohnheiten
und Übel ein Ende nehmen? Du sagst, dass ich auf dem Weg sei.
Doch bin ich ungeduldig und allzu oft nur mit mir unzufrieden.

Wird wirklich eine Zeit kommen, in der ich dir nahe sein darf,
eine Zeit in deiner Nähe, die niemals mehr vergeht und ewig ist?
Wann wird mein Herz für immer die ersehnte Ruhe in dir finden?
Wann werde ich in dir glücklich sein und ganz in dir aufgehen?
Wann werden die eisernen Ketten, die mich an Irdisches binden,
von mir abfallen und mich von allem seelischen Druck befreien?
Wann darf ich den unzerstörbaren Frieden für die Welt erwarten?

Herr, Jesus Christus, wann wirst du mir so nahe sein,
dass ich dich schauen darf von Angesicht zu Angesicht?
Wann offenbarst du mir die Herrlichkeit deines Reiches?
Ich weiß, dass ich die Welt mit ihren Schatten erst bestehen
und Aufgaben erfüllen muss, um ganz bei dir zu sein und zu
    bleiben.

Gib mir die Kraft, die Last zu tragen, die mir auferlegt ist.
Dir zu begegnen – darin besteht meine ganze Sehnsucht;
doch wie kann ich dich inmitten dieser Welt erreichen?

Meine Seele spürt, wie sie angezogen wird von dir.
Doch Sorgen und Begierden ziehen sie wieder nach unten.
Aus Liebe zu dir, Herr, möchte ich vieles zurücklassen,
doch körperlich bin ich in manchem noch zu sehr verhaftet.
Es fällt mir schwer, diese Spannung und auch den Kampf
zwischen meinem Körper und meiner Seele auszuhalten.
Gib meiner Seele Frieden und die Ruhe des Himmels.

DIE GRÖSSTE KRAFT MEINES LEBENS

Im Gebet der Hingabe darf ich tiefes Schweigen erfahren,
und das Gefühl für Raum und Zeit schwindet dahin.
Doch holt mich ein Schwarm von Gedanken aus der Ruhe
und bringt mich wieder nach außen. Es ist wie ein Überfall.

Ist es dein Wille, führst du mich wieder zur Quelle
und lässt mich dort erneut tiefe Ruhe in dir erfahren.
Du wirst zur größeren und größten Kraft meines Lebens
und ich kann alles ablegen, was nicht zu mir gehört.
Das ist der Weg zur ewigen Wahrheit, den du mir weist.
Komm mir zu Hilfe, damit nichts mich von dir trennen kann.
Erfülle mein Herz mit Freude, und alle Last wird schwinden.

Verzeih mir, wenn ich im Gebet meinen Gedanken nachgehe
und vergesse, deinen heiligen Namen, Herr, anzurufen.
Oft bin ich nicht dort anwesend, wo ich mich befinde.
Die Gedanken eilen voraus oder hängen Vergangenem nach.
Ich finde mich wieder, wohin mein Gedanke mich fortreißt,
und mein Bewusstsein füllt sich mit dem, was du nicht bist.

Entreiße mich, Herr, den trügerischen und fremden Mächten,
nimm von mir, was nicht zu mir gehört, belichte meine Seele
und erfülle sie ganz mit deiner liebenden Gegenwart.

Herr, du sagst: «Wo dein Schatz ist, da ist auch dein Herz.»
Es gibt Zeiten, in denen ich mich ganz dir verbunden fühle.
Alle meine Gefühle und Gedanken sind auf dich ausgerichtet.
Und wiederum gibt es Zeiten, in denen ich ausschließlich
der irdischen Welt zugetan bin: ihren Freuden und ihrem Leid.
Körperliche Begierden lösen Bilder aus, die mich fesseln.

Was immer ich zurzeit bevorzuge, davon rede und höre ich gern.
Es beeindruckt mich und hinterlässt Bilder und Spuren in mir.
Wie glücklich darf sich derjenige schätzen, der alles, was er liebt
und was ihn beeindruckt, im Gebet der Hingabe abgeben kann.

Sind die Hindernisse fort, findest du, Herr, Zugang zu mir.
Ich sehne mich danach, im Gebet lange verweilen zu dürfen,
alle äußere Hektik und innere Bewegung zur Ruhe kommen
und mich voll Vertrauen in deine Hände fallen zu lassen.

Mein Herr und mein Gott, sei gepriesen jetzt und in Ewigkeit.
Wie du willst, so soll es geschehen, und was du tust, ist gut.
Nicht in mir oder bei einem anderen suche ich mein Heil,
sondern du allein bist der Heiland, meine Hoffnung und Freude.

Was bin ich, Herr, ohne dich? Alles habe ich von dir empfangen.
Dein ist alles, was du geschenkt und was du geschaffen hast.
Ich selbst kann mir nichts zuschreiben und habe keinen Anspruch.
Viele ungelöste Fragen quälen mich schon von Jugend an.
Oft weiß ich nicht weiter, mein Herz verhärtet sich,
meine Augen sind voll Tränen und ich fürchte die Zukunft.

Ich sehne mich nach deiner tiefen Ruhe und nach deinem Frieden.
Immer wenn ich diesen Frieden erfahren darf, die heilige Freude,
erfüllst du meine Seele mit Licht, und sie verkündet dein Lob.
Entziehst du dich mir – nein, wenn ich mich von dir entferne,
verlasse ich damit auch den von dir gewiesenen Weg.

Sehe ich es ein, schäme ich mich und bitte um Verzeihung.
Die Erinnerung an gestern, als dein Licht noch über mir strahlte,
wird so stark und mächtig, dass sie mich zu dir umkehren lässt.
Denn ohne dich bin ich nicht gegen Versuchungen geschützt.
Herr, bleibe bei mir und führe mich weiter den rechten Weg.

Herr, ich weiß, dass ich Prüfungen durchmachen muss.
So ergeht es mir in diesem Augenblick, wo ich zu dir rufe.
Ich zweifle und doch spüre ich in meinem tiefen Inneren
eine liebende Verbindung zu dir und eine tragende Kraft.
Du, Herr, hast mir zu verstehen gegeben, dass die Zeiten
der Prüfungen und des Niedergedrücktseins nur kurz sind.
Da mich Depressionen überfallen, sehe ich kein Ende voraus.

Schnell habe ich deine hoffnungsfrohen Worte vergessen.
Ich fühle mich wie abgeschnitten vom Strom deiner Liebe.
Vor den Menschen, die Erwartungen haben, versage ich.
Sie verstehen mich nicht, und ich ziehe mich daher zurück.

Du allein siehst, wie einsam ich bin und wie ich leide.
Herr, ich warte sehnsüchtig auf dein erlösendes Wort.
Lass das Morgenrot deiner Liebe in meiner Seele aufgehen,
so dass ich vom Totsein inmitten des Lebens auferstehen kann.
So wird auch an mir das Geheimnis des Glaubens offenbar.

GNADE UND LEID

Es ist für mich schwer, deinen Willen zu erkennen,
vor allem aber, ihn zu bejahen und zu befolgen.
Ich erkenne zu spät, welch wandelnde Kraft das Leid hat,
das mir auferlegt wurde und das ich ertragen musste.

Doch sehe ich in diesem Leid keine Gnade von dir
und kann dir, wie viele Menschen, dafür nicht danken.
Nichts in dieser und jener Welt geschieht grundlos,
der Zusammenhang von Gnade und Leid jedoch
bleibt mir verschlossen und ist für mich unergründlich.

Jedes Leid, das ich unumgänglich erfahren musste,
hat meine Beziehung zu dir verändert und bereichert.
Ich bin demütiger, einsichtiger und dankbarer geworden.
Überheblichkeit und Stolz sind fast gänzlich geschwunden.

Vor allem fällt es mir nach Phasen der Reinigung leichter,
deinen Willen, Herr, zu erkennen, und ich spüre eindeutig,
ob ich mich einbringen muss oder Schweigen angesagt ist.

Ich lerne, rücksichtsvoller mit anderen Menschen umzugehen,
sie nicht zu bedrängen oder ihnen gar etwas vorzuschreiben.
In niemandem möchte ich einen Gegner oder Feind sehen.
Andere werden zwar für mich zu einer Herausforderung,
doch sehe ich sie in deinem Licht, das unsere Wege erhellt.

Herr, mein Leben liegt in deiner Hand.
Was ich von dir empfange, kann nur gut für mich sein.
Ich habe diese Gewissheit – und doch fehlt mir Geduld,
wenn Unverständnis oder seelisches Leid mich überfallen.
Zweifel und Angst breiten sich in meinem Inneren aus
und beeinflussen mein Fühlen, Denken und Tun.

Niemand konnte mir bisher auf die Frage antworten,
warum manche Menschen, Kinder oder die Tiere
so entsetzlich leiden und oft grausam sterben müssen!
Herr, ich verstehe vieles unter der Sonne nicht
und wende mich an dich mit der Bitte um Einsicht.

«Gepriesen sei Gott, der in Ewigkeit lebt,
sein Königtum sei gepriesen.
Er züchtigt und hat auch wieder Erbarmen;
er führt hinab in die Unterwelt
und führt auch wieder zum Leben» (Tobit 13,2).

Immer wieder lege ich, wie du mich gelehrt hast,
im Gebet der Hingabe meinen Geist in deine Hände –
all meine Gefühle, die Gedanken, meinen Willen,
all meine Vorstellungen und die vielen Bilder.

Ich öffne mich dir voll Vertrauen und überlasse mich dir,
damit du, Herr, mich neu formen und bilden kannst.
Aufbrüche, die du in mir bewirkst, tun mir oft weh.
Doch weiß ich, dass du es unendlich gut mit mir meinst.

So versuche ich in allem geduldig und ruhig zu bleiben.
Oft steht mir meine starre Eigenwilligkeit im Wege
und ich verhalte mich dir gegenüber starr und unbeugsam.

Lass nicht ab, Herr, mich nach deinem Willen zu formen
bis ich feinfühlig werde für deine göttliche Botschaft.
Dir überlasse ich mich mit allem, was ich bin und habe,
damit ich durch deine heilende Gnade Besserung erfahre.

Ich sehe ein, dass ich vor dir nichts verbergen kann.
Herr, du weißt alles: kein Gedanke von mir ist dir fremd,
keine Regung des Herzens oder der Seele dir unbekannt.
Nichts ist dir verborgen, du weißt es, bevor es geschieht.

Du weißt, was mir dienlich ist und was sich eignet,
Verhärtungen zu lösen, den Rost meiner Seele zu befreien.
Ich will mich in dir versenken und mich ganz dir überlassen.
Wende den Blick nicht ab von mir und reiche mir die Hand.
Schaue auf mein Leben und seine vielen Schattenseiten.
Segne mich und lass das Licht deiner Liebe in mir leuchten.

BITTE UM EINSICHT

Lehre mich, Herr, das zu begreifen,
was ich begreifen soll,
und die Zeichen wahrzunehmen,
die du mir vor Augen führst.
Mach meine Seele licht
und mein Herz weit und lass mich lieben,
was du, Herr, zu lieben für mich bereitet hast
seit Anbeginn.

Schenke mir die Gabe der Unterscheidung,
um das zu würdigen,
was kostbar ist, und das abzulehnen,
was Leben hemmt und zerstört.

Gib mir eine weite, umfassende
und tiefe Wahrnehmung,
so dass ich mich nicht
von Äußerlichkeiten blenden lasse,
nicht nach dem Hörensagen urteile
und Meinungen anderer übernehme.

Schenke mir Einsicht in die geistigen
und materiellen Dinge und Welten –
so, wie sie wirklich sind.
Lass mich in allem deinen Willen erkennen
und befähige mich, ihn tatkräftig zum Heil
der Menschen und der Schöpfung umzusetzen.

DER WEG, DIE WAHRHEIT
UND DAS LEBEN

Wahrnehmung durch die Sinne kann täuschen
und jemanden, selbst mit guter Absicht,
ins Abseits und die Irre führen.
Wahrnehmung bedeutet nicht immer:
vom Wahren zu nehmen.

Ist jemandem eine tiefere Dimension
des Seins nicht zugänglich
und ist er zudem noch im Sinnfälligen
verhaftet und unfrei,
kann er die Dinge nicht so wahrnehmen
wie sie in Wirklichkeit sind.
Er fällt Täuschungen zum Opfer,
und bitteres Leid bleibt nicht aus.

Allzu leicht nur täuscht
ein Blinder einen Blinden,
wie schnell betrügt
der Falsche einen Falschen,
einfach macht der Schwache
einem Schwachen etwas vor.

Herr, schenke mir ein starkes Bewusstsein
im Glauben und die Fähigkeit der Hingabe,
lehre mich zu unterscheiden
und vor allem Wahres zu erkennen.
Führe und geleite mich,
da du selber bist:
«der Weg, die Wahrheit und das Leben».

UNERGRÜNDLICH IST DEINE WEISHEIT

Hätte ich doch größeren Einblick in deine Gerechtigkeit,
könnte ich Zusammenhänge sehen zwischen Schuld und Leid,
zwischen Vergebung und Gnade, blieben mir Umwege erspart.
Du handelst in allem gerecht, doch vieles bleibt uneinsehbar.

Wenn mir unabänderlich Leidvolles widerfährt –
ist das deine Antwort auf mein sündhaftes Verhalten?
Nein, so darf ich nicht denken und keine Schlüsse ziehen.
Behandelst du mich so, wie ich es verdient habe?
Nein, du lässt mich deine liebende Nähe erfahren,
selbst wenn ich mich von dir abwandte und sündigte.

Unergründlich sind dein Ratschluss und deine Weisheit.
Kehre ich um, schenkst du mir in deiner Güte Vergebung.
Du schaust nicht auf meine Schuld und trägst sie nicht nach.
Zu wunderbar und nicht zu fassen ist für mich deine Liebe.
Ich habe sie nicht verdient, doch du schenkst sie in Fülle.

Herr, du bist reich an Güte und voll des Erbarmens.
Du schaust nur auf das Gute und möchtest nicht,
dass deine Geschöpfe leiden und zugrunde gehen.
Den Reichtum deiner Güte und die Fülle deiner Liebe
lässt du offenbar werden an mir, der gesündigt hat.

Du neigst dich mir zu und reinigst mein Herz,
du machst es weit und schenkst meiner Seele Licht.
Nur du allein, Herr, weißt um mich und kennst mich.
Du bietest mir gütig an, das zu ergänzen, was mir fehlt.

Herr, du hast mich so reich beschenkt mit deiner Gnade,
dass ich mich frage, womit ich all das Gute verdient habe.
Schaue ich auf mich, kann ich weder auf große Taten
noch auf gute Verhaltensweisen von mir zurückblicken.
Viele Entscheidungen von mir führten mich auf Abwege,
die ich erst spät als solche erkannt und verstanden habe.
Und auch dann fehlte mir der Mut zur radikalen Umkehr;
auch zur Besserung in kleinen Schritten war ich zu träge.

Vor anderen habe ich vieles beschönigt, mich gerechtfertigt
und meine Schattenseiten nicht zugegeben oder versteckt.
Mein gesamtes Leben liegt offen vor dir ausgebreitet
und du bedarfst keines Wortes mehr aus meinem Mund.
Doch, Herr, ich möchte die Worte aussprechen vor dir,
damit ich Einsicht gewinne und mir Klarheit verschaffe.
Nur so kann ich meinen Standort bestimmen und ausloten.

Ich frage: Wer bin ich vor dir und was hast du mit mir vor?
Schau nicht auf mein früheres Leben und meine Fehler,
sondern auf meine guten Absichten und meine Liebe zu dir.
Schenke mir in deinem Erbarmen Vergebung und die Kraft,
aufrecht zu sein und den Weg zu dir nicht wieder zu verlassen.

Herr, ich beschäftige mich noch immer mit mir und meinen
 Fehlern.
Sie sind zu tief verwurzelt, als dass ich darüber schweigen
 könnte.
Wenn ich sie mir vor Augen führe, schäme ich mich vor dir.
Du sagst mir jedoch, alles loszulassen und dir mein Herz zu
 öffnen.
Doch viele Hindernisse – das spüre ich – stehen dem noch im
 Wege.
Daher möchte ich dir noch einmal aus der Tiefe meines Herzens
 sagen:
Herr, Jesus Christus, ich habe vor dir gesündigt. Erbarme dich
 meiner!

Ohne deine Zusage, mir nahe zu sein und mich zu erlösen,
sähe ich keine Möglichkeit, das Land des Schattens zu verlassen,
um in deine Nähe und dein wunderbares Licht zu gelangen.
Ich habe es von meinem Kopf her durchaus verstanden,
dass ich im Gebet der Hingabe «sterben» und arm werden muss,
damit du mich zu neuem Leben erwecken und beschenken kannst.
Der praktische Teil jedoch fordert mehr von mir als nur
 Verständnis.

Es ist nicht leicht, mich zurückzunehmen, keine Erwartungen
 zu haben
und neben allem Tun auch alle Gedanken und Gefühle dir
 zu überlassen.

Kommst du mir jedoch entgegen und lässt mich deine tiefe
Ruhe erfahren,
erfüllt sie mein Inneres, schenkt mir neue Lebenskraft, Freude
und Heil.
Ich spüre dein liebendes Entgegenkommen und deine segnende
Hand.
Mein Gewissen ist beruhigt im Wissen, dass du mir die Sünde
verzeihst.
Du, Herr, hast meine Verbindung zu dir erneuert und meine
Seele berührt.

GIB MIR EINEN NEUEN
BESTÄNDIGEN GEIST

Das Opfer, das dir, Herr, wohlgefälliger ist
als alle Worte, Riten und Handlungen,
ist die Hingabe im Gebet.
Wie kann ich dir mehr entgegenkommen
als alles zu lassen, um von dir angezogen zu werden
und das zu empfangen, was du für mich
als Geschenk deiner Liebe vorgesehen hast.

Die Begegnung mit dir, Herr,
schenkt mir Befreiung.
Durch deine Nähe fällt alles ab,
was nicht zu mir gehört.

Du heilst, was verwundet ist,
und befreist mich von allem,
was sich durch meine Sünde
dir in den Weg gestellt hat.
Jubeln möchte ich vor Freude
und deinen Namen ausrufen überall!

Du hast mich nach deinem Bild und Gleichnis erschaffen.
Schenke mir, mein Herr und mein Gott, deine Gnade und Liebe.
Ich weiß, wie unentbehrlich und heilsnotwendig sie für mich ist.
Breite deine Gnade über mir aus, damit mein Inneres licht wird
und Finsternis und alle Schattenseiten meines Lebens vergehen.

Oft setze ich gute Gefühle und Gedanken nicht in die Tat um
und es geschieht das Gegenteil von ihnen, das ich nicht will.
Nicht mehr mein Ich handelt, sondern eine dunkle Kraft in mir.
Obwohl ich das Gute möchte, wende ich mich dem Bösen zu
und lasse mich auf seine verführerischen Verlockungen ein.

Wendest du dich mir trotzdem zu, erfreue ich mich an deiner
    Gnade.
Diese lichtvolle Gabe, Herr, aus deiner Hand liegt dann im Streit
mit der Dunkelheit in meinem Inneren, die mich gefangen hält.
Aber nur dann gelingt es mir, den Leidenschaften zu widerstehen,
wenn du deine Gnade nicht zurückziehst und sie mein Herz
    berührt,
es entflammt und deine Gnade mich in meinem Ringen
    unterstützt.

Herr, ich bedarf deiner Gnade, ja sogar einer großen Gnade,
um mit den dunklen Kräften, die in mir toben, fertig zu werden.
Der erste Mensch, der dich unendlich liebend schauen durfte,
hat sich durch eine freie Willensentscheidung von dir getrennt.
Seither tragen wir nicht mehr einzig und allein dein Bild in uns,
sondern auch der Keim des Bösen wuchert und wütet in uns.

Du, Herr, hast das Wesen des Menschen gut, rein erschaffen.
Doch durch falsche Entscheidung ist es teils zerrüttet und krank.
Durch Versenkung fühle ich die gesund gebliebene Kraft in mir
wie einen Funken unter der Asche, der auflodern möchte.
Dieses göttliche Urlicht ist jedoch zu klein und zu schwach,
um Vernunft und Willen, ja mein Leben zu erleuchten.

Ich vermag vielleicht Wahres vom Unwahren zu unterscheiden,
doch fehlt mir die Kraft, mich für das Gute zu entscheiden.
Ich bin nicht fähig, die Wahrheit in deinem Licht zu schauen.
Mag ich mich noch so anstrengen: Durch mein Wollen allein
ist es nicht möglich, das Feuer deiner Liebe in mir zu entfachen.
Sende deinen Heiligen Geist und alles wird neu erschaffen werden.

Ich bedarf, Herr, deiner liebenden Zuwendung und deiner Gnade.
Das, was du lehrst, sehe ich ein und habe große Freude daran.
Deine Gebote sind gut, gerecht und heilig. Sie leiten mich an,
dem Bösen eine Absage zu erteilen und die Sünde zu meiden.

Doch gleichzeitig ist in mir ein Gesetz der Sünde lebendig,
so dass ich mehr der Sinnlichkeit als der Vernunft gehorche.
Ich möchte das Gute tun. Wenn ich es verwirklichen will,
binden mich dunkle Kräfte und ich versage durch Nichttun.

Ich habe gute Vorsätze, doch beim geringsten Widerstand
gebe ich auf, fürchte keine Kraft zu haben und zweifle.
Herr, komm mit deiner Gnade meiner Schwachheit zuvor.
Ich fühle und sehe den Weg, den du vor mir ausgebreitet hast,
und weiß, wie notwendig und heilbringend es ist, ihn zu gehen.

Mir steht vor Augen, was ich tun und was ich meiden sollte.
Trotzdem versage ich, indem ich das Gebet vernachlässige
und allzu oft im Alltag eine falsche Wahl treffe,
die mich in die Enge führt und mein Gewissen belastet.
Herr, schenke mir Einsicht und die rechten Entscheidungen.

GLAUBE, HOFFNUNG UND LIEBE

Herr, deine Gnade ist für mich unbedingt heilsnotwendig,
um täglich neu zu beginnen und das Begonnene fortzusetzen.
Mein Anteil ist nur gering, doch du kannst alles vollenden.
Ohne dich vermag ich nichts – doch alles mit Hilfe deiner Gnade.

Schwingt sie nicht mit, bin ich getrennt von dir und alles ist
    sinnlos.
Weder kann ich die Schönheiten der Natur in mich aufnehmen
noch finde ich den rechten Zugang zu meinen Mitmenschen,
zur Kunst und Wissenschaft, zum Gebet und zur Heiligen Schrift.

Die Gaben, die die Natur spendet, fallen allen Menschen zu –
unabhängig von dem, was sie getan oder nicht getan haben.
Die Gnade und die göttliche Liebe hingegen wird denen
    geschenkt,
die sich danach sehnen und darum bitten, die ihr inneres Leben
von Abhängigkeiten befreit haben und sich auf Gott ausrichten.

So wichtig ist die Gnade, dass ohne sie weder die Betrachtung,
die Auslegung der Schrift noch theologisches Wissen Wert haben.
Ohne die Gnade führt der Glaube nicht zum wirklichen Glauben,
die Hoffnung nicht zu einer lebendigen, überzeugenden Hoffnung
und die Liebe nicht zu einer alles erfüllenden und bleibenden
    Liebe.

Die göttliche Liebe ist das größte und erhabenste Geschenk,
das der Schöpfer allen Menschen zukommen lassen möchte.
Alle, die sich der Gnade im Gebet der Hingabe öffnen –
das bedeutet, in dieser Zeit die Armut des Geistes einüben –
werden von dir, Herr, überreich beschenkt und erfüllt.
Die mit vielen Gaben und Gutem Gesegneten werden demütig
und geben Empfangenes an andere schenkend weiter.

Herr, wende dich mir zu und nimm alle Schuld von mir.
Gib mir ein weises Herz und sättige mich mit deiner Gnade.
Ich will jubeln, dich loben und mich freuen all meine Tage.
Herr, Jesus Christus, lass mich in deinen Augen Gnade finden,
denn deine Gnade bedeutet mir alles und gibt meinem Leben
    Sinn.

Ich fürchte nichts, solange mich deine Gnade behütend begleitet.
Sie ist die Kraft meines Lebens und gibt mir Hilfe und Rat;
sie ist mächtiger als meine Feinde und übertrifft alle an Weisheit.

Die Gnade, Herr, die du mir schenkst,
zeigt mir die Wahrheit.
Sie lehrt mich,
Wesentliches zu sehen,
und erleuchtet die Seele.
Sie führt mich aus der Bedrängnis
und verjagt die Traurigkeit.
Sie nimmt alle Furcht von mir
und bahnt mir den Weg zum Leben.

Was bin ich ohne die Gnade
anderes als ein Blatt im Wind,
das seine Verbindung
mit dem Baum des Lebens verloren hat?
Es ist leblos, taugt zu nichts mehr,
welkt, verdorrt und vergeht.
Herr, deine Gnade komme mir
in allem zuvor und geleite mich.
Sie lasse mich niemals müde werden,
Gutes zu tun und zu lieben.

Herr Jesus, der Weg,
den du in dieser Welt gegangen bist,
war schmal und steinig,
und von vielen wurdest du verachtet.
Wenn ich dir nachfolge,
erleide ich das gleiche Schicksal wie du?
Ich weiß von dir,
dass der Jünger nicht größer ist als sein Herr.

Ich möchte mich an deinem Leben orientieren
und aus dir Kraft schöpfen,
damit ich mein Leben bestehen
und mich, wenn nötig, behaupten kann.
In dir suche und finde ich mein ersehntes Heil
und wahre Heiligkeit.
Was ich außer deinen Worten lese
oder höre, bedeutet mir nicht viel.
Wenn du mich ansprichst,
fallen deine Worte direkt in mein Herz.

Herr Jesus Christus, was du gesagt und versprochen hast,
das soll an mir wahr werden und seine Erfüllung finden.
Alles möge mir in der Kraft deiner Gnade gelingen.
Ich habe die ersten Schritte auf dem Weg zu dir getan
und weiß, dass ich das auferlegte Kreuz nicht umgehen kann.
Doch mit dir zusammen ist es wesentlich leichter zu tragen.

Ich will den Weg bis zum Tod und darüber hinaus gehen.
Für viele Menschen – und für sie möchte ich beten –
ist das gesamte Leben ein unerträgliches Kreuz.
Herr, stehe ihnen bei und erlöse sie von der Last.
Schenke ihnen auf dem schweren Weg Erlösung und Heil.

Durch dich ist mein Leben wesentlich und sinnvoll.
Ich spüre die Verantwortung für mich selbst und für andere.
Du, Herr, hast mich auf diesen wunderbaren Weg gerufen.
Keinen Schritt zurück, sondern voran möchte ich schreiten.
Bleibe bei mir, Herr, an meiner Seite und in meinem Herzen.

Mein Wunsch ist es,
dass viele den Weg mit dir zusammen gehen.
Du, Herr, wirst allen,
die sich aufmachen zu dir, entgegenkommen.
Du wirst ihnen nahe sein
und das Kreuz eines jeden von uns mittragen.
Durch dich wird jede Last leicht
und alle Sorge und Angst schwinden,
denn du gehst uns voran,
um uns sicher auch durch Finsternis zu führen.

Du bist unser Heil und Heiland,
der für uns eintritt und den Weg weist.
Du wirst uns in jeder Versuchung beistehen
und aus jeder Gefahr retten.
Sei du unser Herr und Heiland,
dem wir uns bedenkenlos anvertrauen.
Dir und deiner Botschaft für immer treu zu bleiben,
ist unser sehnsüchtiges Verlangen.

AUF DEM RECHTEN WEG
IN DEIN REICH

Herr, ich danke dir für deine Weisung,
die ich empfangen darf.
Sie schenkt mir Trost
und ist Nahrung für meine Seele.
Was würde in Zeiten der Bedrängnis
und Angst aus mir werden,
wenn du mich nicht mit deinem Wort
und deiner Gnade stärktest?

Du wirst mir Heil in Fülle schenken –
darauf baue ich mein Vertrauen.
Ich werde nicht an die Leiden denken,
die ich ertragen musste.
Wenn du mich aus dieser Welt rufst,
so lass mich wohlvorbereitet, ruhig
und bei vollem Bewusstsein
dir mein Leben in deine Hände legen.
Gedenke meiner und geleite mich
auf dem rechten Weg in dein Reich.

Herr, du hast mir ein Urvertrauen in meine Seele gesenkt.
Du gibst mir Halt und bist am wichtigsten in meinem Leben.
Was und wer könnte es anderes sein als du?
Deine Barmherzigkeit, deine Güte und Treue sind grenzenlos.

Ohne dich ginge es mir niemals gut – doch mit dir immer.
Lieber möchte ich deinetwegen arm sein als reich ohne dich,
lieber mit dir auf Erden sein als ohne dich den Himmel besitzen.
Wo du zugegen bist, Herr, da ist der Himmel, wo du nicht bist,
herrschen widergöttliche Kräfte und Mächte und der Tod.

Ich habe Sehnsucht nach deiner Nähe, darum rufe ich zu dir.
Vertrauend und bedenkenlos kann ich mich auf dich verlassen.
Ich weiß, in jeder Not und Gefahr wirst du mir beistehen.
Du kennst die rechte Stunde und schenkst mir deinen Beistand.
Auf dich verlasse ich mich, auf dich vertraue ich, auf dich hoffe ich.
Du bist mir auf ewig treu und nimmst mir die Angst vor dem
Tod.

Oft bin ich von Menschen enttäuscht,
sie suchen allein ihren Vorteil.
Du, Herr, suchst nur mein Heil,
meinen Fortschritt im Guten
und lenkst alles für mich zum Besten –
obwohl ich vieles nicht einsehe.
Ich kann es nicht oft genug
aus deinem Munde hören:
Alle Versuchungen, die an mich herantreten,
alle Prüfungen, die ich bestehen soll,
alle Last, die es zu tragen gilt, und das Leid,
das mir auferlegt ist –
alles, sagst du, Herr, sei zu meinem Besten.

Verzeih mir, wenn ich mitunter seufze
oder mich oft bei dir beklage,
seufze, stöhne oder gar weine,
denn ich habe immer noch keinen Einblick
in die Zusammenhänge zwischen
der himmlischen Freude und dem Leid.
Oft rufe ich zu dir und bitte um Hilfe.
In diesen Zeiten gelingt es mir nicht,
dich zu loben und zu preisen,
weil es mir schlecht geht und ich leide.

Doch immer hast du mir in allem,
was auch geschah, zur Seite gestanden.
Du hast mein Rufen gehört
und mich immer erhört, wenn die Zeit recht war.

DU BIST DER HERR, MEIN ARZT

Auf dich allein, Herr,
setze ich meine ganze Hoffnung.
Dir vertraue ich,
denn du bist meine Zuflucht und meine Rettung.
Mit allem, was ich nicht verstehe,
was mich bedrückt und bedrängt,
was mich unruhig
und oft krank macht, komme ich zu dir.

Wenn du, Herr, mir nicht beistehst,
wenn du mir nicht hilfst,
wenn du mich nicht stärkst,
wenn du mich nicht belehrst und schützt, dann:
wird keine Freundschaft
und keine Liebe für mich Bestand haben,
dann versagen alle starken Helfer,
kann kein Arzt mir mehr helfen,
sind die besten Ratgeber nicht imstande,
mir einen klugen Rat zu geben,
sagen die geistreichsten
und gelehrtesten Bücher mir rein gar nichts,
bleibt die beste Arznei ohne Wirkung
und damit ohne jeden Erfolg,
kann kein Ort, und sei er noch so abgelegen,
mir Schutz gewähren,
findet meine Seele weder Frieden noch Ruhe,
die du mir in deiner Güte verheißen hast.

Alles, was Glück und Frieden verheißt, bedeutet mir nichts,
wenn du, mein Herr und mein Gott, nicht wahrhaft zugegen bist.
Ohne dich bringt in Wirklichkeit rein gar nichts letzte Erfüllung.
Du bist der Anfang und die Vollendung der gesamten
    Schöpfung,
das höchste Glück, die ewige Liebe und die Tiefe der Weisheit.
An dich glaube ich, auf dich darf ich hoffen und mich verlassen.
Alles, auch meine geheimsten Wünsche, darf ich dir anvertrauen.

Nicht nur in meinem Gebet sei du, Herr, mir immer vor Augen
und in meinem Herzen, sondern überall und für alle Zeit.
Segne meine Seele und heilige sie mit deinem himmlischen Segen,
damit sie rein und erleuchtet wird und du immer in mir sein
    kannst.
Du bist reich an Erbarmen. Sei mir gnädig und verzeih mir all das,
was ich gesündigt habe und was in deinen Augen nicht recht war.

Erhöre mein Gebet und sei besonders dann in meiner Nähe,
wenn ich mich einsam und von dir weit entfernt fühle.
Bewahre meine Seele und beschütze sie in zahlreichen Gefahren,
Prüfungen und Versuchungen, die ich noch durchstehen muss.
Leite und begleite mich durch deine Gnade auf dem Weg des
    Friedens
und führe mich zum Vater, der Heimat des ewigen Lichtes.
    Amen.

IV. TEIL

EINS WERDEN MIT DIR

VEREINIGUNG

Liebes-Feuer:
Du unbegreifliche Glut
die wärmend
mich durchdringt

KOMM ZU MIR

Deine Worte, Herr, sind Worte ewiger Wahrheit.
Ich möchte sie verwirklichen und in Treue bewahren,
denn zu unserem Heil hast du sie mir und allen gegeben.
Mögen sie mir in die Seele dringen und dort lebendig sein.

Deine Worte sind voll Güte, Herzlichkeit und Liebe.
Sie berühren und bewegen mein Herz und ziehen es zu dir.
Doch werde ich mir meiner Fehler und Sünden bewusst.
Sie halten mich ab, deiner liebenden Einladung zu folgen.

Du sagst mir, dass ich trotzdem zu dir kommen soll,
um an der Fülle und dem Reichtum deiner Liebe teilzuhaben.
Du lädst mich ein, um vom Brot der Unsterblichkeit zu essen.

«Komm zu mir,» sagst du, «auch wenn es dir schwerfällt
und du eine Last zu tragen hast. Ich werde dir Ruhe schenken.»
Deiner Einladung kann ich trotz meiner Sünden nicht
    widerstehen.
Wer bin ich, Herr, dass ich es wagen darf, zu dir zu kommen?
Die Himmel fassen dich nicht, und du sprichst: «Komm zu mir!»

Wie soll ich deine so liebevolle Einladung verstehen?
Ich wage es nicht, von mir aus zu dir zu kommen.
Nichts Gutes ist mir bewusst, auf das ich bauen könnte
und was mir Mut gäbe, vor dir, Herr, zu erscheinen.

Ich habe dich zu oft mit meinem Undank beleidigt
und dich durch falsche Entscheidungen verstoßen.
Selbst die Engel haben die größte Ehrfurcht vor dir,
Heilige beten dich an, und du sprichst «Komm zu mir!»
Würdest du, Herr, dieses Wort nicht selbst zu mir sagen:
Ich wagte es von mir aus nicht, mich dir zu nähern.

Noach, der Gerechte, baute viele Jahre an der Arche;
zusammen mit allen Arten von Tieren wurde er gerettet.
Und ich, wie soll ich mich in nur einer Stunde bereiten,
dich, Herr, den Schöpfer der Welt, würdig zu empfangen?

Mose, dein großer Diener und Freund,
baute die Bundeslade aus Holz mit dem längsten Bestand.
Er vergoldete sie und legte die Gesetzestafeln hinein.
Und ich, einer unter vielen, darf den Urheber des Gesetzes
und den Spender des Lebens in meinem Inneren empfangen?

Salomo, der weiseste unter den Königen Israels,
baute sieben Jahre am Tempel zur Ehre deines Namens.
Acht Tage dauerte die Einweihungsfeier mit Friedensopfern.
Unter Posaunenklang und Tanz ließ Salomo die Bundeslade
an den für sie bestimmten und geheiligten Platz bringen.
Und ich, darf ich es wagen, dich in mein Haus aufzunehmen,
wo ich kaum eine halbe Stunde ohne störende Gedanken bin?

Herr, wie groß waren die Vorbereitungen
und die Askese deiner Getreuen,
bis sie imstande waren,
sich dir zu nähern, dir zu begegnen
und deine Gegenwart aufzunehmen!

Wie kurz ist dagegen die Zeit,
in der ich mich auf dich vorbereite?
Meine Unruhe ist groß
und selten bin ich gesammelt,
da mich immer ungute Gedanken
vom Wesentlichen trennen.

Was kann ich tun, damit nichts
mich von deiner Gegenwart ablenkt?
Wie soll ich mich verhalten,
wenn in der Stille der Vorbereitung
alte Eindrücke in mir aufsteigen
und sogar mein Herz besetzen?

Wie werde ich frei von Ballast,
den ich mit mir herumschleppe?
Ich möchte unbelastet,
frei und ganz offen sein für den,
der sein Kommen angesagt hat
und mir seine Liebe schenken möchte.

Im Alten Bund sind die Tafeln der Weisung und die Lade des
    Bundes
Zeichen, dass du dein Volk durch die Wüste begleitest.
Im Neuen Bund hast du dein Wort ins Herz uns geschrieben
und hast dich, Mensch geworden, für uns und für mich
    hingegeben.
Ein Vorausbild war jener Erste Bund, denn alle früheren Opfer
finden im Opfer deines Leibes und Blutes ihre Erfüllung.

Wer bin ich nur, Herr, dass mich deine liebende Gegenwart
nicht stärker begeistert und mein Herz entflammt?
Denke ich nur an mich und mache mich zum Mittelpunkt?
Warum bereite ich mich zu wenig auf deine Gaben vor?

Was taten nicht alles die Patriarchen, Propheten und Heiligen,
um dir den Weg in ihren Geist und in ihr Herz zu bereiten!
Sie wurden nicht müde, deinen geheiligten Namen zu verehren
und sich auf den Gottesdienst vorzubereiten – ihr höchstes Gut.

Ich denke an König David,
der mit ganzer Hingabe
vor der Bundeslade Gottes tanzte
und mit seinem Gesang von der Errettung Israels
Gott Lob und Ehre gab.
Er ließ Musikinstrumente bauen,
verfasste Psalmen, die er selbst zur Harfe vortrug,
aber auch öffentlich singen ließ.
Er lehrte das Volk Israel,
mit ganzer Seele Gott zu verehren
und seine Größe alle Tage
in Lob- und Dank-Gebeten kundzutun.

Wenn im Alten Bund Gott schon
in dieser Fülle verehrt wurde:
Wie viel mehr müsste ich dann für dich,
Herr Jesus Christus, tun,
da du mit mir bist
und alle Wege meines Lebens begleitest.
In deinem Kommen
schenkst du dich mir im Sakrament der Liebe.

Viele Menschen wallfahrten hierhin und dorthin,
um Heilige und heilige Stätten zu besuchen.
Sie staunen über alles, was sie an Neuem erfahren,
und einige können nie genug davon bekommen.
Sie besuchen und besichtigen Kirchen über Kirchen.

Und du bist da – gegenwärtig im Sakrament des Altares,
ohne dass ich aufbreche und dich in der Fremde suche.
Du bist anwesend, der Schöpfer aller Menschen und
der Urheber der Schöpfung. Du, Herr und mein Gott,
Sieger über alle Dunkelheit und den Tod,
begleitest mich und bist immer und überall für mich da.

Bei vielen Pilgern spielt menschliche Neugier eine Rolle;
sie möchten viel sehen – zur tiefen Ruhe kommen sie nicht.
Oft bleibt bei ihnen die geistliche Erneuerung aus.
Doch überall, wo das Geheimnis des Glaubens gefeiert wird,
das Gedächtnis deines Todes und deiner Auferstehung –
die Eucharistie –, bist du im Brot des Lebens gegenwärtig.

Um dich, Herr, zu finden, brauche ich nicht weit zu reisen,
sondern nur mein Inneres vorzubereiten auf dein Kommen.
Es bewegt mich weder Neugier noch Sinnlichkeit,
sondern der Wunsch, meinen Glauben tiefer zu erfahren,
dich würdig zu empfangen und deine Liebe zu spüren.

GEHEIMNIS DER LIEBE

Gott, du unsichtbarer Schöpfer der Welt und des Alls,
wie wunderbar handelst du an mir und an uns allen.
Wie gütig, liebe- und gnadenvoll sorgst du für uns,
indem du dich selbst im Sakrament uns zur Speise gibst
und dich mit uns vereinigst. Das Geheimnis deiner Liebe
übersteigt jedes Denken und den menschlichen Verstand,
doch zieht es die Herzen mit besonderer Kraft zu dir.

Ich danke dir für die Fülle und den Reichtum der Gnade,
die du mir durch dieses allerheiligste Sakrament schenkst.
Es trägt dazu bei, mein gesamtes Leben zu bessern,
vor dir im Glauben und in der Nächstenliebe zu wachsen.

Die Gnade dieses Sakramentes ist tief und geheimnisvoll.
Doch nur der, welcher würdig deine Gaben empfängt,
kann diese Worte verstehen, weil er sie erfahren hat.
Das, was der Seele verloren gegangen ist, erhält sie zurück,
so dass ihre ursprüngliche Schönheit wieder aufleuchtet.
Die Gnade stärkt und beflügelt nicht nur Geist und Seele,
sondern sie schenkt auch dem Körper neue Lebenskräfte.

OFFEN FÜR DIE WUNDER
DEINER LIEBE

Wie kommt es, dass bei diesem Angebot deiner Liebe
mein Verhalten oft so nachlässig und oberflächlich ist?
Gehe ich zu deinem Tisch, ist es mir nicht immer bewusst,
was geschieht und wer mir in Wahrheit entgegenkommt.
Auf dich setze ich meinen Glauben und meine Hoffnung,
denn ich weiß, welch große Gnade du mir erwiesen hast.

Du bist die Quelle des Lebens, unsere Heiligung und Erlösung.
Warum gehen Menschen an diesem heilbringenden Geheimnis,
das die Erde wieder mit dem Himmel verbindet, achtlos vorbei?
Viele sehen sich nur selbst und haben hohe Erwartungen,
doch für die Wunder, die täglich geschehen, sind sie nicht offen.

Für das unaussprechliche Geschenk deiner barmherzigen Liebe
sind viele wegen Blindheit und Verhärtung nicht empfänglich.
Oft schleicht sich auch bei denen, die dich häufig empfangen,
eine gewisse Unachtsamkeit, ja sogar Gleichgültigkeit ein.
Auch bei mir stelle ich oftmals eine solche Verflachung fest.
Herr, du hast mich eingeladen zu deinem heiligen Mahl;
ich möchte mich vorbereiten und dich würdig empfangen.

Würde das Geheimnis des Glaubens,
die Feier deines Todes und der Auferstehung,
nur an einem Ort auf der ganzen Welt gefeiert:
wie würden die Menschen sich danach sehnen,
an diesem Geheimnis Anteil nehmen zu dürfen!
Doch wir dürfen das Opfer Christi überall feiern,
damit sich die Gnade und Liebe allen Menschen
guten Willens umso reicher offenbare und schenke.

Herr Jesus Christus, ich danke dir für deine Liebe,
die du mir trotz meiner vielen Sünden nicht entziehst.
Du möchtest mich mit deinem Leib und Blut stärken
und lädst zum Empfang dieses Geheimnisses ein:

«Kommt alle zu mir, die ihr euch plagt
und schwere Lasten zu tragen habt.
Ich werde euch Ruhe verschaffen.»
Dir, Herr, sei Lob, Preis und Ehre.

Im Vertrauen auf deine Güte und Barmherzigkeit
komme ich zu dir, denn du hast mich gerufen.
Ich komme als Hilfesuchender zu dir, meinem Heil,
als Durstiger zur Quelle des ewigen Lebens.
Ich komme zum Schöpfer des Himmels und der Erde.
Es ist etwas ganz Großes und für mich Unfassbares,
dass du, Herr, dich den Menschen aus Liebe hingibst.
Womit habe ich es verdient, zu dir kommen zu dürfen?

Oft habe ich dich beleidigt, doch du stehst zu mir.
In deiner unendlichen Liebe sagst du Ja zu mir.
Du weißt, wie schlimm es um mich stand und steht.
So sind dir auch all meine Fehler und Sünden bekannt.
Ich erkenne überall deine Güte und danke dir dafür.
Ich danke dir für deine entgegenkommende Liebe,
die ein jedes durchdringt und keine Grenzen kennt.

Weil deine Liebe übergroß ist, schenkst du sie auch mir.
Du fügst alles zu meinem Besten und führst es zu Ende.
Ich glaube dir, selbst wenn vieles nicht einsehbar ist.
Was auch geschieht, es lässt mich deine Liebe erahnen.

Ich bitte dich, lege mir eine größere Liebe ins Herz.
Alles, was du mir schickst, will ich annehmen.
Schenke mir ein feineres Unterscheidungsvermögen,
damit ich mich eindeutiger für dich entscheiden kann.
Meine Fehler stehen mir oft als Blockade im Weg.
Nimm, Herr, alle Hindernisse und Lasten von mir,
damit ich mich aufrichte und dich in den Blick nehme.

Herr Jesus Christus, es ist für mich unfassbar –
und es wird auch für mich unfassbar bleiben –,
dass du mir im Abendmahl leibhaftig begegnest.
Niemand kann diese unbegreifliche Gnade erfassen.

Wie soll ich mich bei deinem Gastmahl verhalten,
dem Mahl deiner Liebe, zu dem du mich gerufen hast?
Schau nicht auf das Dunkle und Sündhafte in mir.
Schau auf meine guten Absichten, die ich mitbringe.
Sie sind noch begrenzt, doch nehme ich mir fest vor,
sie täglich vor dir zu erneuern und zu verbessern.

Wenn ich mich vor dir verneige und zu dir bete,
geschieht es in Dankbarkeit und aus Liebe zu dir –
jenseits aller eingeübten Gewohnheit und Riten.
Wenn Worte verstummen und ich vor dir schweige,
erkennst du mein Staunen vor deiner Größe.

Mein Schweigen ist wortlose Anbetung.
Mein Herr und mein Gott, im Gebet der Hingabe
will ich mich dir öffnen, deinen Namen anrufen
und ihn betend über alles erheben.
Ich lobe dich und preise dich in Ewigkeit.

Obwohl ich es nicht verdient habe
und nichts dafür spricht,
wendet sich der Höchste mir zu.
Herr, ich kann es nicht fassen,
dass du mich zu deinem Gastmahl lädst,
damit du zu mir kommen kannst,
um mit mir Mahl zu halten.
Du bist das Brot,
das vom Himmel herabgekommen ist
und der Welt das ewige Leben schenkt.

Deine Liebe, deine Güte
und deine Barmherzigkeit, Herr,
erleuchten die dunkelste Dunkelheit
im verschatteten menschlichen Herzen.
Du schenkst Wandlung zum Licht
und grenzenlose Freude.
Wie groß müsste unser Dank
und unser Lob dafür sein!

Heil und Segen schenkst du uns
durch die Teilnahme am Gastmahl,
das du zu unserer Rettung
und aus Liebe zu uns eingesetzt hast.
Wie wunderbar ist dein Wirken,
wie mächtig deine Kraft,
wie trostreich dein Wort
und wie unerschütterlich deine Wahrheit.

Es ist wahrhaft ein Wunder,
unbegreiflich für den Verstand,
dass du, Herr Jesus Christus,
wahrer Gott und wahrer Mensch,
unter der unscheinbaren Gestalt
von Brot und Wein zugegen bist.
Du, Herr des Weltalls, unser Gott,
willst durch dieses Sakrament unter uns
und in jedem von uns wohnen,
gegenwärtig sein und auch bleiben.

Erhalte meinen Leib, meinen Geist
und meine Seele gesund,
so dass ich das Geheimnis des Glaubens
mitfeiern und zu meinem Heil
und zum Heil der Welt empfangen kann.
Du hast die Eucharistie eingesetzt,
damit wir ständig neu Kraft schöpfen
und niemals mehr vergessen,
was deine Liebe an uns bewirkt.

Meine Seele freut sich über alle Maßen,
und ich danke dir für diese unendlich gute Gabe,
die du, Herr, in unsere Hände gelegt hast.
Denn sooft ich die Eucharistie mitfeiern darf
und das Brot des Lebens empfange,
erfahre ich Befreiung und Erlösung.
Die Kraft und Größe deiner Liebe
sind unendlich und nehmen niemals ab,
deine Barmherzigkeit bleibt unerschöpflich.

Ich nehme mir vor,
mich auf das Heilsgeheimnis vorzubereiten,
um deinen Leib und dein Blut würdiger
und dir angemessen zu empfangen.
Wenn ich den Gottesdienst besuche
und auch für immer, wünsche ich mir,
dass diese heilige Handlung so wesentlich
und erfüllend für mich ist, als wenn du, Herr,
an diesem Tag Mensch geworden wärest,
Wunder gewirkt, die Kranken geheilt
und das Abendmahl eingesetzt hättest.

Danach bist du den Leidensweg gegangen,
hast für uns und unsere Sünden gelitten,
bist unschuldig ans Kreuz geschlagen worden
und hast den Tod auf dich genommen.
Geheimnis des Glaubens: Du hast den Tod besiegt
und bist glorreich durch ihn hindurchgegangen,
um aufzuerstehen, in den Himmel aufzufahren
und dich zur Rechten des Vaters zu setzen.
Herr, gib mir deinen Segen vom Himmel her.

ZUM ABENDMAHL

Ja, Herr, ich komme zu dir,
um beim heiligen Mahl
deine Gabe zu empfangen,
die du für mich bereitet hast.
Alles, wonach mein Herz sich sehnt,
finde ich ausschließlich und nur bei dir.
Du bist mein Heil und meine Erlösung,
meine Hoffnung und meine Zuversicht,
du bist meine Stärke und mein Ziel.

Erfreue und beruhige mein Herz,
denn zu dir erhebe ich meine Seele.
Ich möchte dich ehrfurchtsvoll,
würdig und liebend empfangen,
wenn du kommst und einkehrst
in das kleine Haus meines Lebens.

Wie Zachäus möchte ich gern
von dir gesegnet werden.
Meine Seele verlangt nach dir,
der geistlichen und göttlichen Speise.
Mein Herz möchte dich aufnehmen
und niemals und nimmer dich lassen.

SCHICKE AUCH MICH NICHT HUNGRIG FORT

Herr Jesus Christus, Gottes Sohn, kehre bei mir ein,
und alles Weitere wird sich in meinem Leben fügen,
wie du es seit Anbeginn für mich vorgesehen hast.
Deine Gegenwart stärkt mich und gibt mir neue Kraft.

Schmerzlich ist es, wenn ich dich nicht erreiche.
Ohne dich ist meine Seele dürr und ausgetrocknet.
Es gelingt mir nichts und mein Leben ist hohl.
Daher möchte ich dir begegnen und dich empfangen.
Sonst erliege ich auf dem Weg, den ich gehen muss.

Herr, du hast bei der Speisung der vielen gesagt:
«Ich will sie nicht hungrig wegschicken,
sonst brechen sie unterwegs zusammen.»
Herr, schicke auch mich nicht hungrig fort,
denn du hast das Sakrament deiner Gegenwart
eingesetzt, damit wir nicht allein und hungrig bleiben.
Du erfüllst die innerste Sehnsucht meiner Seele.

Wer dich empfängt, nimmt teil an deinem Leben.
Allzu oft jedoch erlahme ich, bin träge und versage.
Ich falle in alte Fehler, entferne mich von dir und leide.
Um in deiner liebenden Nähe zu bleiben, möchte ich
das tägliche Gebet der Hingabe nicht vernachlässigen,
einen geistlichen Begleiter zum Beichten aufsuchen
und häufiger die heilige Kommunion empfangen.
Das Sakrament möge mich von allem Dunklen befreien,
meinen Geist erneuern und meine Seele mit Gnade füllen.

Jeder Mensch hat eine Sehnsucht nach religiöser Erfüllung.
Wenn er sich auf den Weg zum Heil begibt und sich öffnet,
kommt ihm etwas Großes, Lichtes und Wesentliches entgegen.

In der heiligen Kommunion, Herr, bist du es, der auf mich wartet.
Durch deine Gnade richtest du mich auf und ich bin aufrichtig,
du bewahrst mich vor dem Bösen und stärkst das Gute in mir.

Doch trotzdem bin ich oft nachlässig, zerstreut und lieblos.
Ich verspreche, mich zum Empfang deiner Liebe vorzubereiten
und mich deiner so hohen Gnade würdiger zu erweisen.

Was geschähe, wenn ich deiner Einladung nicht folgen würde?
Mein Leben wäre sinnentleert, unruhig und heimatlos.
Für die Seele ist das Abendmahl ein Verweilen in der Heimat,
geistliche Stärkung und Hoffnung auf das ewige Leben.

Deine Liebe zu uns, Herr, ist so groß, dass du,
der Schöpfer der Welt und die Quelle allen Lebens,
in einer so schwachen Seele wie meiner einkehrst
mit der ganzen Fülle deiner Gottheit und Menschheit.
Wie darf sich die Menschenseele darüber freuen,
die dich, ihren Herrn und Gott, würdig empfängt –
ja, überströmen darf sie vor lauter geistlicher Freude!

Meine Seele nimmt den himmlischen Herrn auf,
einen Freund, bei dem sie sich zu Hause fühlt –
behütet und beschützt, geborgen und geliebt.

Himmel und Erde und alle Engel halten den Atem an,
wenn du, Herr, leibhaftig in unserer Mitte erscheinst.
Alles so herrlich Geschaffene stammt aus deiner Hand.
Wenn auch die Schöpfung auf den Schöpfer verweist,
so ist deine Herrlichkeit größer als alles Geschaffene.

Herr, segne mich,
bevor ich zu deinem Tisch gehe,
damit ich das Sakrament
deiner Liebe würdig empfange.
Befreie mich von Hindernissen,
die im Wege stehen.
Nimm von mir alle Trägheit
und die Kälte meines Herzens.
Lass immer neu mich
deine heilbringende Gnade erfahren,
die vom Sakrament,
dem Quellgrund deiner Liebe, ausgeht.

Erleuchte die Augen meiner Seele
und mache sie hell,
damit ich dieses große Geheimnis
deiner Liebe schauen kann.
Stärke meinen Glauben,
damit keine Zweifel mich überfallen.
Du, Herr, hast dieses Sakrament
aus Liebe eingesetzt, nicht der Mensch.
Niemand vermag dieses Geheimnis
deiner Liebe zu fassen,
selbst die Engel im Himmel
stehen staunend und anbetend davor.

Herr, Jesus Christus, du hast mich gerufen,
und so komme ich mit guten Vorsätzen
und fest an dich glaubend zu dir.
Ich weiß, dass du wahrhaftig
in diesem Sakrament zugegen bist –
als Gott und als Mensch.
Du möchtest, dass ich dich empfange
und eins werde mit dir.
Ich bitte dich aus ganzem Herzen:
Schenke mir die besondere Gnade,
dass ich mich selbst verlassen
und mich dir voll Vertrauen
und ohne zu denken hingeben kann.

Dieses höchste, heiligste
und einzigartige Sakrament deiner Liebe
bringt Heil für Leib und Seele,
befreit mich von meinen Fehlern,
ist Arznei gegen jede geistliche Lähmung
und vertreibt allen Unmut,
kultiviert ungute Leidenschaften,
hält Versuchungen von mir fern,
heilt mit himmlischer Kraft den Schaden,
der durch Sünde entstand,
vergrößert meinen Glauben,

stärkt meine Hoffnung
und entflammt meine Liebe zu dir,
damit sie überströmen
und sich maßlos verschenken kann.

Viel Gutes, Herr, hast du schon denen geschenkt,
die dich empfangen haben, und du schenkst es allen,
die auch weiterhin vertrauend zu dir kommen.
Auch ich darf immer neu Gnade empfangen,
indem du meine Seele aufrichtest, Verwundetes heilst
und mir große innere Freude in mein Herz legst.

Du bist die Zuflucht meiner Seele, Heiland meiner Schwäche.
Du stärkst mich mit Lebenskraft und hilfst in der Not.
Du führst mich aus der Dunkelheit in dein wunderbares Licht.
Du erhebst mich aus der Tiefe und schenkst mir Vertrauen.
Du verleihst mir Hoffnung auf deinen Schutz und deine Hilfe.
Du beruhigst und erfreust mich durch die Vergebung der Sünden.
Du erleuchtest mein Inneres durch dein hell strahlendes Licht.

Wer sich auch vor der heiligen Kommunion ohne Liebe fühlte,
findet sich nach dem Empfang wie umgewandelt und gebessert.
Deine liebevolle Zuwendung führt mich auf den rechten Weg.
Du lässt mich tiefer erfahren, was wahrhaft Wahrheit bedeutet.
Oft kam ich hart, kalt und unbeständig zu dir, und du, Herr,
hast mich befreit und gewandelt und mir neues Leben geschenkt.
Gibt es jemanden, der sich dir nähert, ohne beschenkt zu werden?

Wer steht schon am Feuer, ohne von ihm erwärmt zu werden?
Du, Herr, gleichst einem nie erlöschenden Feuer, das alle Herzen
an sich zieht und mit deiner unendlichen Liebe entflammt.

Wenn es mir auch jetzt noch nicht vergönnt ist,
in vollen Zügen aus dem Quell des Lebens zu schöpfen,
so bin ich doch überaus glücklich und dankbar, wenn du
mich ein wenig trinken lässt, um den größten Durst zu stillen.

Wenn auch mein Herz noch nicht vor Liebe brennt –
wie es von deinen heiligen Engeln gesagt wird –,
so möchte ich mich in der Weise auf dich vorbereiten,
dass mich ein Funke deiner göttlichen Liebe berührt.

Herr, Jesus Christus, ich habe mir vieles vorgenommen,
doch wie wenig habe ich bisher davon verwirklicht.
So bitte ich dich, Fehlendes zu ergänzen und zu vollenden.
Du versprichst mir, allezeit zu dir kommen zu dürfen –
selbst unter schwerer Last, um mich bei dir auszuruhen.

Es verkrampft sich mein Herz vor Angst – Angst vor dem Leben.
Ich weiß, dass ich vielen Anforderungen nicht gewachsen bin.
Ich fühle mich schwach und fürchte mich vor dem Versagen.
Herr, mit allem, was mir auf dem Herzen liegt, komme ich zu dir.
Es tut mir unendlich gut, Sorgen und Ängste, Fehler und Sünden
vor dir auszusprechen und alle Dunkelheit bei dir abzuladen.
Du bist der Einzige, vor dem ich bedenkenlos alles sagen kann.

Ins Gebet der Hingabe kommen Erinnerungen und Aufgaben,
von denen ich glaubte, sie längst gelöst und verarbeitet zu haben.
Versuchungen fordern mich und nicht selten erliege ich ihnen.
Schlechte Gewohnheiten und Neigungen halten mich gefangen,
dass ich unfähig bin, klar zu denken und etwas Gutes zu tun.

Bei all dem bist du es, Herr, an den ich mich wenden darf.
Befreie mich von der Last, die mich quält und zu Boden drückt.
Alles übergebe ich dir und lege mich vertrauend in deine Hände.
Herr, erlöse mich von allem Bösen und gestalte mein Leben neu.
Lass mich im Gebet deinen Namen anrufen ohne Unterlass.

Ich lobe dich, Herr, ich preise dich und verherrliche dich.
Ganz gleich, was ich auch getan oder unterlassen habe:
Du gibst mir deinen Leib und dein Blut zur Speise und zum
    Trank.
Herr, ziehe meine Seele zu dir und mache mein Herz weit.
Lass mich nach jeder Kommunion ein besserer Mensch werden.

Oft frage ich mich, Herr, was ich noch einbringen kann,
um vorbereiteter und würdiger zu deinem Tisch zu gehen.
Du bist der Höchste und ich ein Mensch, einer unter vielen.
Wenn ich so denke, bekomme ich Furcht vor deiner Größe.
Ich möchte fliehen, doch wenn ich es tue, falle ich tief.

Du weißt alles und kennst mich. Zeige mir den rechten Weg
und zeige mir, wie ich auf ihm schnell fortschreiten kann.
Nehme ich nicht am Abendmahl teil, werde ich traurig
und die Kluft zwischen dir und mir wird breiter und tiefer.
Was soll ich tun, mein Gott, mein Helfer und mein Retter?

Gib mir Weisung und Rat und lehre mich ein Gebet,
das mich auf die heilige Kommunion vorbereitet.
Wie bereite und öffne ich mein Herz für deinen Besuch,
um dein Sakrament würdig und heilbringend zu empfangen?
«Gottheit tief verborgen, betend nah ich dir.»

Herr, alles im Himmel und auf Erden ist dein.
Ich möchte im Opfer und im Gebet mich dir schenken
und in der Aktivität versuchen, in all meinem Denken
und all meinem Tun deinen Willen zu erfüllen.
Du hast mir den Weg gezeigt und führst mich weiter.

Durch die Anrufung deines heiligen Namens lerne ich,
mich selbst loszulassen und mich dir ganz hinzugeben,
damit du mich mit deiner Liebe erfüllen kannst.
Was gibt es Größeres und Höheres für mich,
als deinen Leib und dein Blut empfangen zu dürfen
und diese deine Hingabe an mich dankbar zu erwidern?
Dieses Opfer möge mir und allen zum Segen werden.

Herr, du siehst alles, was nicht gut war in meinem Leben.
In der Vorbereitung ist mir vieles bewusst geworden,
was noch an Dunklem in mir verborgen ist.

Ich breite alles schweigend vor dir aus und bitte dich,
die mich beherrschende Dunkelheit zu erleuchten
und mit dem Feuer deiner Liebe das zu verbrennen,
was sich an Ungutem in mir aufgeschichtet hat.
Verzeih mir alles und gib mir deinen Frieden.

Was kann ich anderes tun, Herr, um frei von der Belastung
durch meine Sünden zu werden, als mir meine Schuld
bewusst zu machen und dich aus ganzem Herzen zu bitten,
mir all das zu vergeben, was ich auf mich geladen habe?
Ich stehe vor dir mit dem Versprechen, alles zu meiden,
was mich bisher von dir getrennt und mich belastet hat.

Ich möchte still werden und es schweigend hinnehmen,
wenn ich als Folge all meiner Sünden und meiner Schuld
schwere und leidvolle Stunden durchzustehen habe.
Verzeih mir meine Vergehen und erfülle mein Herz mit Freude.

Meine Seele hat immer nach dir verlangt und zu dir gerufen,
doch habe ich über Jahre hin ihre Sprache nicht verstanden.
Du weißt, was in jedem Augenblick für mich das Beste ist.
Ich selbst kann es weder ergründen noch einsehen.
Daher vertraue ich dir mein Leben an und sage Ja zu dem,
was du, Herr, mir schickst, damit ich es überwinde.
Du hast ein gütiges und immer liebendes Herz –
und dein unendliches Erbarmen kommt mir entgegen.

Neben den vielen dunklen Seiten meines Lebens,
die ich vor dir, Herr, im Gebet ausgebreitet habe,
möchte ich dir das Gute in meinem Leben darbringen.
Wenn es auch recht wenig und unvollkommen ist,
so bitte ich dich, es anzunehmen und zu vollenden.
Lenke alles Mangelhafte in mir zum Guten,
bewahre mich vor Rückschritten und allem Bösen
und lass mich täglich neu deine Gegenwart erfahren.

Herr, aber nicht allein für mich möchte ich beten,
sondern auch bitten für all die lieben Menschen,
die mich bisher auf meinem Lebensweg begleitet
und mir viel Gutes und Liebe erwiesen haben.
Erhöre die Bitten meiner Familie und Freunde.
In besonderer Weise denke ich an die Menschen,
die sich in Not und im Schatten des Todes befinden,
an diejenigen, die durch Schmerzen und Wunden
zu dir, Herr, keine Verbindung aufnehmen können
und an die, die es nie gelernt haben zu beten.

Steh allen bei – besonders auch den Verstorbenen –,
die vielleicht noch deiner liebenden Hilfe bedürfen.
Ich bitte: Mögen sie deine helfende Gnade erfahren,
Schutz vor Gefahr und Befreiung von allem Bösen.
Mögen sie von allem Übel befreit und erlöst werden.
Mögen sie dich als Heiland und Gott erkennen,
um dich zu loben, zu lieben und dir zu danken.

GIB GNADE DENEN, DIE DEINER GNADE BEDÜRFEN

Herr, ich möchte für diejenigen beten und bitten,
die mich verletzt, betrübt, gekränkt und beleidigt haben,
die mir Schaden zufügten und mir Kummer bereiteten.
In besonderer Weise bete ich auch für die Menschen,
die ich selbst beunruhigt, bedrängt und belästigt habe,
denen ich Ärgernis gab und denen ich Schaden zufügte.

Ich bitte dich: Verzeihe uns allen in gleicher Weise
unsere Sünden und die gegenseitigen Kränkungen.
Nimm alles fort, Herr, was die Liebe verletzt
und befreie uns von Verbitterung und Resignation.
Tilge alles, was die Reinheit der Herzen trübt.

Erbarme dich all der Menschen, die zu dir rufen,
die sich nach deiner göttlichen Liebe sehnen
und um deine Barmherzigkeit bitten.
Gib Gnade all denen, die deiner Gnade bedürfen.
Mach uns feinfühlig, so dass wir deinen Willen
und die wahre Größe deiner Gnade erkennen,
damit wir zum ewigen Leben gelangen. Amen.

Du, Herr, bist die Liebe. Nach dir sehnt sich die Seele,
denn sie weiß, dass nur du ihre Sehnsucht stillen kannst.
Ich komme zum Tisch, den du für mich gedeckt hast,
damit wir Mahl halten – du mit mir und ich mit dir.

Ich wünschte, aus Ergriffenheit weinen zu können,
um alle Hindernisse zwischen uns auszuwaschen.
Mein Herz ist noch verhärtet wie ein Steinblock
und die Tür, an die du klopfst, noch verschlossen.

Was kann ich tun, damit Herz und Tür sich öffnen?
Ich möchte dir so gern meine Liebe zurückschenken.
Du, Herr, schenkst mir in der Fülle deiner Gottheit –
im Sakrament verborgen – deine liebende Gegenwart.

Dich, Herr, in deiner göttlichen Klarheit zu schauen,
könnte unser menschliches Auge nicht ertragen.
Dein göttliches Licht ließe es sofort erblinden.
Ja, sogar die ganze Schöpfung würde verbrennen,
wenn du den Glanz deiner Herrlichkeit offenbartest.

Du kommst mir in meiner Unvollkommenheit entgegen
und verbirgst dich im allerheiligsten Sakrament.
Ich halte den Atem an und staune über deine große Liebe.
Du bist wahrhaft bei mir, der von den Engeln angebetet
und von ihnen in seiner Herrlichkeit geschaut wird.
Sie schauen dein Wesen, ich aber lebe noch im Glauben.
Eine Ahnung von deiner Herrlichkeit hast du mir gegeben
und damit meinen Glauben erfahrbar und stark gemacht.

Du, Herr, bereitest den Tag der ewigen Klarheit in mir vor.
Ich lebe in der Gewissheit, dass ich ihn einmal schauen darf,
wenn alle Schattenbilder der Zeit in mir ausgeleuchtet sind.
In der Vollendung hat auch deine Verborgenheit ein Ende:
Wir erfreuen uns an der Herrlichkeit deiner Gegenwart,
und schauen deine Gottheit von Angesicht zu Angesicht.

Du wirst uns diesen Weg von Klarheit zu Klarheit führen,
bis wir in das Bild deiner Gottheit verwandelt werden.
Das menschgewordene Gotteswort, wie es am Anfang war
und in Ewigkeit bleibt, führt uns den Weg zur Vollendung.

DIE FÜLLE DEINER HERRLICHKEIT

Herr, mit dem Wunder deiner Liebe hast du mich erfüllt –
ich kann es gedanklich nicht fassen, nur daran glauben.
Mit der ganzen Fülle deiner Gottheit kehrst du bei mir ein.
Die Freude dieser Welt verblasst und schwindet in mir,
wenn du dich in der Fülle deiner Herrlichkeit mir offenbarst.

Ich spreche diese Worte aus der Tiefe meiner Seele,
die das unendliche Verlangen hat, mit dir vereint zu sein.
Ich weiß, dass diese Sehnsucht – solange ich in der Welt bin –
andauert, denn sie kann hier nicht vollends erfüllt werden.
Oft bin ich in meinen Gedanken der Gegenwart voraus
und spüre umso schmerzlicher die Kluft zwischen uns.

Du lehrst mich, nach deinem Beispiel Geduld zu üben
und jeden Augenblick nach deinem Willen wahrzunehmen.
Alle, die du zu dir gerufen hast, mussten in großer Geduld
und im stillen Glauben deiner Offenbarung entgegensehen.
Auf das, was sie erhofften, darauf hoffe auch ich;
an das, was sie glaubten, daran glaube auch ich;
was sie mit Zuversicht erwarteten, das erwarte auch ich;
wohin sie gelangten, dahin vertraue auch ich zu gelangen.

Ich möchte meinen Weg, Herr, mit dir gläubig gehen –
gestärkt und ermutigt durch das Beispiel der Heiligen.
Auch geistliche Bücher geben mir Weisung und Halt.
Vor allem aber kommst du mir im Sakrament deiner Liebe
liebend entgegen und gibst mir Kraft, nicht zu sündigen.

... sind für mich lebensnotwendig in dieser Welt.
Darum lässt du mich, Herr, dein Wort erfahren
und gibst mir deinen heiligen Leib zur Nahrung,
damit der Körper gesund und die Seele licht wird.
Dein Wort ist meinem Fuß eine Leuchte, ein Licht,
das mir auf all meinen Wegen als Weisung leuchtet.

Ohne Nahrung und Licht vermag ich nicht zu leben.
Dein Wort, Herr, wird zum Licht, das mich leitet,
und dein Sakrament zum Lebensbrot für die Seele.
Ich danke dir, Herr, Licht vom ewigen Licht,
für dein Wort, das du immer neu zu uns sprichst.
Ich danke dir, Herr, für das Sakrament der Liebe,
für deine Gegenwart, die du mir täglich schenkst.

DAS ABENDMAHL

Dank sei dir, Schöpfer und Erlöser der Menschen,
für das heilige Abendmahl, das du uns bereitet hast,
um der ganzen Welt deine Liebe zu schenken.

Dank sei dir, Schöpfer und Erlöser der Menschen,
für dein geheiligten Wort, das du uns zusprichst,
damit wir erfüllt werden durch den Heiligen Geist.

Du reichst dich selbst uns zur Speise und zum Trank.
In diesem heiligen Mahl kommst du uns entgegen
und wir werden gestärkt durch Gnade über Gnade.

Herr, wir bitten dich aus übervollem Herzen:
Versage uns deine liebende Verbundenheit nicht,
selbst wenn wir uns von dir abwenden sollten.
Bleibe bei uns in jeder Versuchung, Not und Gefahr.
Schenke auch uns die Gnade, auf ewig bei dir zu sein.

Herr Jesus Christus, komm uns mit deiner Gnade zu Hilfe, damit wir dir mit aufrichtigem und ganzem Herzen dienen. Du bist der Quell ewigen Lebens, zu dem du gerufen hast, um aus ihm zu trinken. Wir hören auf dein Wort und bitten, dass dein Wille geschehe – im Himmel wie auf Erden.

Lamm Gottes, nur du kannst die Sünden der Welt vergeben. Lamm Gottes, du schenkst uns dein göttliches Erbarmen. Lamm Gottes, du gibst uns deinen ewigen Frieden.

WIE MEINE SEELE ES SICH WÜNSCHT

Herr, schenke mir die Gnade, dir zu begegnen.
Ich möchte dir mein Herz öffnen und dich aufnehmen,
so, wie meine Seele es sich sehnsuchtsvoll wünscht.
Ich möchte alles für dich tun, wenn du nur kommst.
Auf keine Stimme will ich hören als nur auf die deine.

Möge die Begegnung mit dir so verinnerlicht sein,
dass niemand von außen sie wahrnimmt.
Nichts soll mich ablenken – dir will ich gehören.
Du wirst mit mir Mahl halten und ich mit dir.
Du wirst mit mir sprechen und ich mit dir –
wie es Liebende tun.

Um diese Gnade bitte ich dich, Herr.
Mein Herz sehnt sich, mit dir vereint zu sein,
dann wird es nicht mehr an Vergänglichem hängen.
Durch das Altarsakrament und die heilige Kommunion
möchte ich zu dir gelangen und dich lieb gewinnen.

Herr, wann werde ich endlich ganz mit dir vereint
und von dir erfüllt sein, ohne an mich zu denken?
Lass mich eins mit dir werden und bleiben:
du in mir und ich in dir. Das ist mein Gebet.

Herr, ich glaube und bin fest davon überzeugt,
dass ich einmal für immer ganz bei dir sein darf,
ohne mich jemals mehr von dir trennen zu müssen.
Dann werden auch tiefer Friede und wahre Ruhe
mich erfüllen und mich nicht mehr verlassen.

Ich habe Mitleid mit denen, die sich gottlos nennen
und die Fülle innerer Freude nicht erleben.
Wie begeisternd und erneuernd ist dein Geist!
Um zu zeigen, wie unendlich groß deine Liebe ist,
speist du uns mit dem Brot des ewigen Lebens.

Außer dir, Herr, ist niemand mir so nah wie du.
Wo und wann immer ich zu dir bete, du bist zugegen.
Um mir deine unaussprechliche Liebe zu schenken,
kommst du mir in Gestalt von Brot und Wein entgegen
und erfüllst mein Leben mit unendlich guten Gaben.

MEIN LEBEN WIRD ZUR EINZIGEN FREUDE

Wer in der gesamten Schöpfung ist so bevorzugt
wie die Seele des verinnerlichten Menschen,
bei der du, Herr, einkehren möchtest?
Gibt es ein Geschöpf, das mehr Liebe empfängt?
Deine Gnade und Liebe, Herr, sind unaussprechlich.
Und beides wird ausgerechnet uns Menschen zuteil.

Womit habe ich dein Entgegenkommen verdient?
Was kann ich dir zurückschenken, Herr?
Ich glaube eine mögliche Antwort zu fühlen:
Das größte Geschenk für dich ist meine Hingabe.
Ja, meine Seele möchte ich dir überlassen,
damit du sie für immer mit dir vereinst.

Mein ganzes Leben wird zur einzigen Freude,
wenn die Seele mit dir verbunden ist und bleibt.
Dahin geht all mein Sehnen und mein Wünschen:
ganz eins zu sein mit dir, Herr – auf ewig.

Wie unendlich groß ist deine Güte, Herr,
die du allen gewährst, die zu dir kommen.
Ich fühle mich nicht würdig, zu deinem Tisch zu gehen.
Ich schäme mich und kann mich selbst nicht ertragen,
wenn ich gefühllos, trocken und ungerührt dir begegne.

Warum fühle ich mich nicht stärker zu dir hingezogen?
Warum fehlen mir Begeisterung und innere Freude?
In Sehnsucht richte ich mein ganzes Leben nach dir aus
und doch fühle ich mich oft von dir nicht angesprochen.

Herr, viele Zusammenhänge sind mir klar geworden –
mein Herz jedoch hat sie immer noch nicht begriffen.
Du bist die Quelle allen Lebens und hast mich gerufen,
vom quellenden Wasser des ewigen Lebens zu trinken.
Was fehlt mir, dass mein Durst noch nicht gestillt ist?

Bin ich zu sehr in meinen Vorstellungen verhaftet,
anstatt wahrhaft die Quelle ausfindig zu machen?
Fehlt mir ein Schöpfgefäß oder vermag ich es nicht,
mich tief zu beugen, um aus dem Quell zu trinken?
Wird es die Demut sein, an der es mir mangelt?

Viele Menschen haben einen glühenden Glauben,
der allein schon deine Gegenwart, Herr, bezeugt.
Ihr Herz glüht, wenn sie mit dir auf dem Weg sind,
wenn du ihnen das Brot brichst und sie dich erkennen.

Von dieser Ergriffenheit bin ich noch weit entfernt.
Sei mir gnädig, mein Herr und mein Heiland,
sende mir einen Funken deiner Liebe in mein Herz,
dass es sich für dich entflammt und in Liebe glüht.

So wird mein Glaube an deine Verheißung neu belebt,
meine Zuversicht wird Wurzeln schlagen in deiner Güte.
Und meine Liebe zu dir möge niemals mehr erlahmen,
wenn ich das stärkende Brot des Himmels empfange.

Ich möchte nicht klagen, Herr, weiß ich doch,
wie groß deine Barmherzigkeit und deine Geduld sind.
In jedem Augenblick kannst du mir Gnade gewähren
und das ewige Feuer deiner Liebe in mir entzünden.

Doch will ich in Geduld warten, bis du zu mir kommst
und das Herz mit Freude, meine Seele mit Licht erfüllst.
Alles Geschaffene, jeder Mensch ist verbunden mit dir,
und deine überaus große Sehnsucht ist der Mensch.

Herr Jesus, führe mich schrittweise den Weg zu dir,
hilf mir, mich zuerst selbst zu finden und anzunehmen.
Ich möchte dir inniger im Sakrament der Liebe begegnen,
und bitte dich, die Liebessehnsucht in mir zu entzünden.
Bleibe bei mir, Herr, und beseele mich mit deiner Liebe,
damit ich in die Gemeinschaft der dich Liebenden
für immer aufgenommen werde.

MIT DIR DARF ICH REDEN

Du übertriffst alles an Liebenswürdigkeit und Liebe,
denn alles, was liebenswürdig ist, kommt von dir.
Ich möchte dich empfangen und deiner würdig sein.
Du kennst meine Schwächen und meine Fehler;
du weißt, worunter ich leide, was mich bedrückt
und wie unwürdig und schlecht ich mich oft fühle.

Ich komme zu dir, weil du mein Innerstes ansprichst,
weil du bei mir einkehren und mir helfen möchtest.
Ich bitte dich, mich anzunehmen, wie ich vor dir stehe.
Von allem Übel geheilt zu werden – darum bitte ich.
Um Ermutigung auf meinem Glaubensweg zu erfahren,
darum, Herr, rufe ich immer wieder deinen Namen an.

Mit dir darf ich reden, mit dir, der um mich weiß,
und dem auch mein Innerstes nicht verborgen ist.
Du allein kannst mich aufrichten und Wunden heilen.
Komm, Herr, mache das Herz weit und die Seele licht.

Sieh, arm stehe ich vor dir und bitte um Gnade und Erbarmen.
Richte mich wieder auf, denn ich bin gebeugt und am Boden.
Entzünde mein Herz durch das Feuer deiner ewigen Liebe
und erleuchte meine Blindheit durch dein überhelles Licht.

Lass mich, Herr, das Unvermeidbare in Geduld tragen
sowie verzeihen und vergessen, was man mir angetan hat.
Wandle allen Schmerz in Freude und Dunkelheit in Licht.
Lass mich nicht verzweifelt das außerhalb von mir suchen,
was in mir selbst zugegen ist und ich dort finden kann.

Zieh mich zu dir durch deine Liebe, erfülle mein Herz
und lass mich nicht wahllos in der Welt umherirren.
Du bist das höchste Gut, ich möchte es niemals verlieren.
Du hast dich mir zur Speise und zum Trank gegeben,
damit du, Herr, in mir bleibst und ich in dir.

EINS WERDEN DURCH
INNERE EINIGUNG

Möge doch deine Gegenwart
alles Schlechte in mir ausbrennen
und mich in dich verwandeln,
damit mein Geist durch die Gnade
innerer Einigung eins werde mit dir.

Lass mich nicht hungrig
und kraftlos von dir gehen,
sondern reiche mir die Hand
und schenke mir und allen
dein liebendes Entgegenkommen.

Du, Herr, bist wie ein Feuer,
das immer und ewig brennt.
Du bist die Liebe,
die das Herz reinigt
und den Verstand erleuchtet.
Es bedeutet mir alles,
von dir so ergriffen zu sein,
dass mein Herz vor Liebe brennt.
Lass mich eins werden mit dir –
mit dir vereint sein für immer.

Herr, ich danke dir
für dein liebendes Entgegenkommen.
Du hast mich so wunderbar
auf dein Kommen vorbereitet:
mein Herz mit Liebe erfüllt,
mich empfindsamer gemacht
und meine Sehnsucht,
dich zu empfangen, vergrößert.

Du, Herr, bist mein Gott,
die höchste und ewige Liebe.
Du hast meine engen Grenzen gesprengt
und mir alle Angst genommen.

Viele Menschen hast du
auf diesen Weg gerufen;
du hast ihnen ihr Leben klar gemacht
und deine Liebe offenbart.
Dank deiner großen Güte
darf ich mich zu ihnen zählen –
und mit ihnen erwarte ich
voller Sehnsucht dein Kommen.

Ist auch das, Herr,
was ich dir entgegenbringe, gering,
so opfere ich dir doch
die ganze Liebe meines Herzens.
Mein Sein, all mein Wünschen,
Fühlen und Denken biete ich dir freudig an.
Nichts möchte ich dir vorenthalten –
mich selbst möchte ich dir in Liebe opfern.

Mein Herr und mein Gott,
mein Schöpfer und mein Erlöser,
so herzlich und ehrfürchtig,
so dankbar und liebevoll,
mit so viel Glauben, Hoffnung und Liebe
möchte ich dich heute aufnehmen,
wie dich deine Mutter Maria ersehnt hat,
als ihr der Engel die Menschwerdung verkündete
und sie demütig und bejahend antwortete:
«Ich bin die Magd des Herrn;
mir geschehe, wie du es gesagt hast.»

Ich möchte dich, Herr, empfangen wie Johannes,
der vor Freude schon im Mutterschoß jubelte,
als er deine Gegenwart im Leib deiner Mutter spürte.

Berührt und beseelt begegnete er dir später und rief:
«Der Freund des Bräutigams aber,
der dabeisteht und ihn hört,
freut sich über die Stimme des Bräutigams.
Diese Freude ist nun für mich Wirklichkeit geworden.»

Von dieser tiefen Freude möchte auch ich beseelt werden.
Waren nicht alle begeistert, die auch nur einen Funken
deiner Liebe in sich spürten, der sie entflammte für dich?

Ihr Jubel, wie der des Johannes, ist zum Lobpreis geworden.
Sie durften übernatürliche Erleuchtung erfahren
und einen Vorgeschmack auf den Himmel verkosten.

Alle, die dich im Himmel und auf Erden erkannt haben,
loben und preisen dich allezeit und sagen dir Dank.
Mit ihnen vereint möchte ich deinen Namen ehren
und dich anbeten. Komm allen zu Hilfe und segne sie,
die zu dir beten und um deine Barmherzigkeit bitten.

BLEIB BEI UNS MIT DEINER GNADE

Du, Herr, kommst meiner Sehnsucht entgegen.
Nimm mein Opfer an und schenke mir die Kraft,
dass ich mein Wort und mein Versprechen halte
und dich niemals beleidige oder enttäusche.

Lass mich, Herr, in deiner Liebe bleiben,
so dass ich niemals mehr von dir getrennt werde.
Ich lade alle Engel und alle Gläubigen dazu ein,
dir täglich und immer Lob und Dank zu sagen.

Alle Völker und Nationen sollen dich loben
und deinen heiligen Namen ohne Unterlass preisen.
Alle, die dein Sakrament der Liebe empfangen,
mögen Gnade und reiches Erbarmen bei dir finden.

Ich schließe mich mit diesem Wunsch ihnen an.
Wenn wir nach der sakramentalen Begegnung
von deinem Tisch zurückkehren ins aktive Leben,
möge deine Gnade bei uns bleiben und uns geleiten.

ZUM AUTOR

DR. PETER DYCKHOFF, 1937 im westfälischen Rheine geboren, studierte Psychologie und war viele Jahre als Geschäftsführer eines mittelständischen Unternehmens tätig. Mit vierzig Jahren wagte er den Neuanfang und studierte Theologie an den Universitäten Münster, Innsbruck und Brixen. 1981 zum Priester geweiht, war er als Gemeinde-, Wallfahrts- und Krankenhausseelsorger tätig. Im Bistum Hildesheim übernahm er den Aufbau und die Leitung der bischöflichen Bildungsstätte «Haus Cassian» im Weserbergland. Seit 1999 lebt Peter Dyckhoff in Münster und ist als Referent und Exerzitienleiter in zahlreichen Bildungseinrichtungen tätig. Er ist anerkannter Experte für das christliche Ruhegebet und wurde 1999 über dieses Thema zum Doktor der Theologie promoviert. Seine reichen Erfahrungen als Leiter spiritueller Kurse gibt er als Autor von zahlreichen Büchern und Publikationen zur christlichen Gebets-, Meditations- und Exerzitienpraxis an seine Leserinnen und Leser weiter.

Der Autor ist im Internet erreichbar unter:
www.PeterDyckhoff.de

PETER DYCKHOFF IM VERLAG HERDER

IN DER STILLE VOR DIR
Gebete aus dem Geist großer christlicher Mystiker
256 Seiten | Balacroneinband mit Goldprägung und Leseband
ISBN 978-3-451-29053-4

365 TAGE IM LICHT DER LIEBE
Geistlich leben nach Johannes vom Kreuz
400 Seiten | Balacroneinband mit Goldprägung und Leseband
ISBN 978-3-451-29358-0

MIT LEIB UND SEELE BETEN
Die neun Gebetsweisen des Dominikus
144 Seiten | Gebunden mit Leseband | Neun farbige Abbildungen
ISBN 978-3-451-28231-7

AUF DEM WEG IN DIE NACHFOLGE CHRISTI
Geistlich leben nach Thomas von Kempen
352 Seiten | Gebunden mit Leseband
ISBN 978-3-451-28502-8

Henri Nouwen | Peter Dyckhoff
BILDER GÖTTLICHEN LEBENS
Ikonen schauen und beten
160 Seiten | Gebunden mit Schutzumschlag | Sieben farbige Abbildungen
ISBN 978-3-451-29652-9

Michael Blum | Peter Dyckhoff
IM LICHT DES SEGENS
Heilvolle Betrachtungen
Mit Farbbildern von Michael Blum | 88 Seiten | Gebunden mit Goldprägung | ISBN 978-3-451-32229-7

Walter Kardinal Kasper | Hg. von Peter Dyckhoff
WER GLAUBT, ZITTERT NICHT
Ermutigungen zum Leben
Reihe «Spiritualität aus dem Glauben» · Hg. von George Augustin und anderen im Namen des Kardinal Walter Kasper Instituts
460 Seiten | Leinen mit Leseband und zweifarbiger Prägung
ISBN 978-3-451-32227-3

© Verlag Herder GmbH, Freiburg im Breisgau 2009
Alle Rechte vorbehalten
www.herder.de

Umschlaggestaltung:
Finken & Bumiller, Stuttgart
Innengestaltung:
Weiß-Freiburg GmbH – Graphik & Buchgestaltung
www.weiss-freiburg.de
Druck und Bindung:
fgb · freiburger graphische betriebe
www.fgb.de

Gedruckt auf umweltfreundlichem,
chlorfrei gebleichtem Papier
Printed in Germany
ISBN 978-3-451-32502-1